Oldenbourg-Interpretationen

Herausgegeben von
Bernhard Sowinski und Reinhard Meurer

begründet von
Rupert Hirschenauer und Albrecht Weber

Band 13

Max Frisch

Homo faber

Interpretation von
Reinhard Meurer

Oldenbourg

Zitiert nach folgenden Ausgaben:
Max Frisch: Homo faber. Frankfurt: Suhrkamp 1976, Bibliothek Suhr-
kamp 87 (runde Klammer)
Max Frisch: Homo faber. Frankfurt: Suhrkamp 1977, TB 354 [eckige
Klammer]

Die Datumsangaben dieser beiden Ausgaben differieren geringfügig
voneinander. Die vorliegende Interpretation geht von der Datierung der
Erstausgabe aus. Im Materialteil ist ergänzend die chronologische Ereig-
nisfolge im Sinne der Taschenbuchausgabe tabellarisch dargestellt.

CIP-Titelaufnahme der Deutschen Bibliothek

Meurer, Reinhard:
Max Frisch, Homo faber: Interpretation/von Reinhard
Meurer. – 2., überarb. u. erg. Aufl. – München: Oldenbourg,
1988
  (Oldenbourg-Interpretationen; Bd. 13)
  ISBN 3-486-88610-X
NE: GT

© 1988 R. Oldenbourg Verlag GmbH, München

Das Werk und seine Teile sind urheberrechtlich geschützt. Jede Verwertung in
anderen als den gesetzlich zugelassenen Fällen bedarf deshalb der vorherigen
schriftlichen Einwilligung des Verlages.

2. überarbeitete und ergänzte Auflage 1988
Unveränderter Nachdruck   92   91   90   89   88
Die letzte Ziffer bezeichnet lediglich das Jahr des Drucks.

Lektorat: Michael Banse
Herstellung: Fredi Grosser
Umschlaggestaltung: Klaus Hentschke, München
Gesamtherstellung: R. Oldenbourg, Graph. Betriebe GmbH, München

ISBN: 3-486-**88610**-X

Inhalt

	Vorbemerkung	7
1	**Zur Literaturlage**	9
2	**Thematik**	13
2.1	Bedeutung des Titels	13
2.2	Der Dualismus in Fabers Weltsicht	14
2.2.1	Technik – Natur	14
2.2.2	Der Gegensatz Mann–Weib	18
2.3	Der innere Antagonismus in Fabers Person	19
2.4	Das Identitätsproblem	20
2.4.1	Die Behandlung des Problems als Leitthema in Frischs Werk	20
2.4.2	Fabers Scheinidentität und ihre Konsequenzen	21
2.5	Zufall – Schicksal – Schuld	24
2.5.1	Fabers Deutung	24
2.5.2	Hannas (Frischs) Deutung	25
2.5.3	Homo faber und Ödipus	27
2.6	Fabers Wandlung	28
2.6.1	Sabeth als Psychagogin: „Leben – im Licht sein"	28
2.6.2	Fabers Testament: Frischs Credo?	30
3	**Symbolik**	31
3.1	Methodische Vorbemerkung	31
3.2	Funktion und Struktur der Symbolik	31
3.2.1	Integrative Funktion der symbolischen Leitmotive	31
3.2.2	Symbolstil als Konsequenz der Sprachauffassung Frischs	32
3.2.3	Rollenpsychologische Motivierung der Symbolik	33
3.2.4	Symbolstruktur in „Homo faber"	33
3.3	Inhaltliche Motivkreise der Symbolik	34
3.3.1	Symbole der technischen Selbstentfremdung	34
3.3.2	Symbolik der Selbstkonfrontation	36
3.3.3	Symbolik der Lebenszuwendung	37
3.3.4	Symbolische Vorausdeutungen auf Inzest und Tod	38
3.4	Parabelstruktur und Symbolik	40
4	**Kommunikationsstruktur und Sprache**	42
4.1	Polarität als stilistischer Grundzug	42
4.2	Kommunikationsstruktur und Stil	42
4.2.1	Die Ich-Form: Fiktion der Authentizität	42
4.2.2	Das diaristische Element im „Homo faber"	44
4.2.3	Komplexität des Satzbaus	46

4.2.4	Die Kommunikationsstörung	48
4.3	Sprachliche Mechanismen der Gefühlsabwehr	51
4.3.1	Zynismus	51
4.3.2	Funktion der sprachlichen Banalität	52
4.3.3	Stereotypie	53
4.4	Gefühlsausdruck in der Sprache des Berichts	56
4.4.1	Impressions- und Erinnerungsstil	56
4.4.2	Sprachbildlichkeit (Vergleich, Metapher)	60
4.4.3	Das Banale und seine Durchbrechung in der Landschafts-darstellung	63

5	**Raum und Landschaft**	66
5.1	Bedeutung der Schauplätze und des Schauplatzwechsels	66
5.2	Starre und Bewegung	69
5.3	Blickführung und Perspektive	72

6	**Zeit- und Erzählstruktur**	78
6.1	Chronologie und Erzählfolge	78
6.1.1	Die Chronologie als Erzählproblem	78
6.1.2	Sukzessions- und Kontinuitätsbrechung in der Makrostruktur des „Homo faber"	79
6.2	Handlungseinheiten – integrative Erzählelemente	82
6.3	Die zeitliche Mikrostruktur	87
6.3.1	Asyndetische Kurzsätze	87
6.3.2	Asyndetische Abschnittsanfänge	88
6.3.3	Zeitliche Funktion der syntaktischen Komplexität	89
6.3.4	Tempus: Präteritum und Präsens	91
6.4	Zeiterlebnis und Zeitsymbolik	93
6.4.1	Fabers „Lebenstempo"	93
6.4.2	Verlust der Chronometer-Zeit und Zeitumkehrung	94

Unterrichtshilfen	
1 Didaktische Aspekte	96
2 Umgang mit Sekundärliteratur im Unterricht	98
3 Unterrichtsreihen	98
4 Unterrichtssequenz	99
5 Klausurvorschläge	109
6 Materialien	111

Anhang	
Anmerkungen	120
Literaturverzeichnis	124
Zeittafel zu Leben und Werk	126

Vorbemerkung

Dieses Bändchen ist vor allem bestimmt für Deutschlehrer der Sekundarstufe II, die in einem Grund- oder Leistungskurs den *Homo faber* behandeln wollen. Deshalb sind an die Interpretation didaktisch-methodische Anregungen (Leitfragen und -aufgaben, mögliche Themen und Textstellen für Klausuren) angeschlossen.

Darüber hinaus dürften die strukturbezogenen Kapitel für den Studenten der Literaturwissenschaft, der sich mit Frisch befaßt, interessant sein, weil in der Sekundärliteratur zu manchen der hier behandelten Aspekte noch keine speziellen Analysen vorliegen. Auch Schüler der Sekundarstufe II, die mit literaturwissenschaftlichen Grundbegriffen (wie „Metapher", „Symbolik", „Erzählzeit" u. ä.) vertraut sind, können den Band zum Selbststudium benutzen. Ihnen sei empfohlen, vor der Lektüre der einzelnen Kapitel die entsprechenden Erschließungsaufgaben selbständig durchzuarbeiten.

Im übrigen habe ich mich bemüht, mich so allgemeinverständlich wie möglich auszudrücken, so daß auch der interessierte Nicht-Fachmann der Interpretation folgen kann, ohne ein Wörterbuch der Linguistik heranziehen zu müssen.

Vorbemerkung

1
Zur Literaturlage

Seit der Mitte der fünfziger Jahre, als Frisch durch den *Stiller* zu
einer europäischen Berühmtheit avanciert war, ist die Sekundärliteratur zu Frisch zu einem beachtlichen Umfang angeschwollen.
Allerdings hat der *Homo faber* bei Rezensenten und Interpreten
ein relativ schwaches Echo ausgelöst. Das liegt wohl vorwiegend
daran, daß der Autor in diesem Werk eindeutiger als in anderen
den Schlüssel zum Verständnis in Form der in den Roman eingelagerten Reflexionen mitgeliefert hat. Über den Aussagegehalt
des Romans, so scheint es, läßt sich kaum streiten. Aber auch
Sprache und Struktur des *Homo faber* sind bisher nur in recht
pauschaler Weise behandelt worden, und zwar überwiegend Phänomene der Makrostruktur wie Ich-Perspektive, Tagebuchstil,
Rollensprache, Handlungsstruktur.

Dabei handelt es sich meist um Ausführungen zum *Homo faber* im Rahmen von umfangreicheren Darstellungen zum Gesamtwerk von Max Frisch. Außerdem gibt es eine Reihe von Aufsätzen, die sich ausschließlich auf den *Homo faber* beziehen. Dies
sind vorwiegend Rezensionen, die innerhalb des ersten Jahres
nach Erscheinen des *Homo faber* veröffentlicht worden sind und
z. T. in späteren Sammelbänden (z. B. in „Über Max Frisch I und
II", ed. suhrkamp) wieder auftauchen. Sie enthalten viel Vorläufi-
ges und sind eher für eine Rezeptionsgeschichte von Bedeutung,
die mit diesem Bändchen nicht intendiert ist.

Eine wissenschaftliche Diskussion zum *Homo faber* ist bisher
nicht aufgekommen. Häufig decken sich die in den verschiedenen Abhandlungen vorgetragenen Auffassungen, ohne daß die
Filiation des Gedankens kenntlich gemacht würde. Auch auf ab-
weichende Deutungen der jeweils vorliegenden Sekundärliteratur
geht kaum einer der Interpreten ein. Für die Literatur zum *Homo
faber* trifft die Pauschalkritik zur Frisch-Forschung von Walter
Schmitz zu: „Ärgerlich aber sind die Fehler der Durchführung…
philologische Fehler (keine Zitatnachweise, falsche Datierungen).
Ersatz von Analysen durch aphoristische Urteile, Unkenntnis der
Selbstinterpretation des Autors und der Sekundärliteratur…" (in:
Über Max Frisch II., ed. suhrkamp 852, Nachwort, 538)

Bisher liegt erst eine ausführliche Einzeldarstellung zum *Homo faber* vor, die wissenschaftlichen Anspruch erhebt. Es handelt sich um die Dissertation von Hans Geulen: Max Frischs Homo faber, Studien und Interpretationen. Berlin 1965. Aber gerade diese Arbeit ist insofern von sehr zweifelhaftem Wert, als sie auf engstem Raum zutreffende Beobachtungen und abwegige Deutungen vereint. Verläßliche Ergebnisse bringt sie lediglich in der Analyse von Gehalt, Handlungsstruktur und zeitlicher Grobstruktur. Vor allem die Sprache des *Homo faber* behandelt Geulen methodisch unzulänglich. Ein Beleg soll das verdeutlichen: Geulen charakterisiert die Sprache des *Homo faber* als „Jargon" (a.a.O., 91) und glaubt beobachten zu können, „wie dieser Jargon bei fortschreitender Handlung sich seiner gröbsten Bestandteile entäußern muß, sich wandelt und reinigt zum eigentlichen Sprechen, ohne den Wortschatz zu verändern oder abzudunkeln durch einen Schleier falscher Poesie" (a.a.O., 91). Diese immerhin diskutable These müßte nun durch methodisch exakte Detailanalyse untermauert werden. Das aber geschieht nicht. Geulen bringt lediglich drei Textzitate, die offenbar Fabers gereinigtes Sprechen evident dartun sollen. Allerdings versäumt er es, zu diesen Zitaten die Seitenzahlen anzugeben. Wenn man sich der Mühe unterzieht, die Zitate im Text aufzusuchen, stellt man fest, daß sie nicht in der Reihenfolge des Textes gebracht worden sind und daß zwei der drei Zitate aus der ersten Hälfte des Romans stammen. Demnach ist diese Zitatklitterung völlig ungeeignet, einen allmählichen Sprachwandel zu belegen. (Die fraglichen Zitate sind übrigens nachzuschlagen im *Homo faber* 113, 81, 239, [92/93, 67/68, 192]).

Überhaupt mißt Geulen die Sprache des Romans mit Maßstäben, die einem Werk des 20. Jahrhunderts nicht adäquat sind. So hält Geulen den Wortschatz des *Homo faber* für insofern auffallend, als er nicht „gehobener Dichtersprache" (a.a.O., 91) entspreche. In Wirklichkeit wäre gerade „gehobene Dichtersprache" in einem modernen Roman auffallend! Ferner vermerkt Geulen, daß Frisch im *Homo faber* keine „schmückenden Adjektive", sondern „eher charakterisierende (Material, Farbe, Form, Ausmaß)" (a.a.O., 81) verwende. Diese Feststellung ist zwar richtig, aber banal und irrelevant, weil schon seit geraumer Zeit das epitheton ornans nur noch in der Trivialliteratur auftritt. Daß der *Homo faber* nicht zum Groschenheft-Genre gehört, braucht aber nicht erst eigens bewiesen zu werden.

Die ausführlichste Behandlung (nach Geulen) findet sich in M. Jurgensens Gesamtdarstellung: Max Frisch – Die Romane. Bern 1970. Sie besteht aus einer Mischung von Inhaltsangabe und fortlaufendem Kommentar. Die Zitattechnik dieser Arbeit ist mangelhaft, auf anderweitige Sekundärliteratur geht Jurgensen überhaupt nicht ein. Zur Symboldeutung bringt Jurgensen einige treffende Detailbeobachtungen. Insgesamt aber deutet Jurgensen Symbole zu punktuell, d. h. ohne hinreichenden Kontextbezug, und kommt daher häufig zu abwegigen Ergebnissen.

Eine wirklich fundierte Gesamtdarstellung zu Frisch stellt die Abhandlung von Markus Werner: Bilder des Endgültigen, Entwürfe des Möglichen. Bern 1975, dar. In ihr wird mehrfach auf den *Homo faber* Bezug genommen.

Eduard Stäuble versteht sein mehrfach neu aufgelegtes Werk „Max Frisch" als publizistische Pionierarbeit. Er hat es sich zum Ziel gesetzt, durch Darstellung von Leitmotiven des Lebenswerks beim breiten Publikum Verständnis für Frischs Gesamtwerk zu wecken. Als Spezialliteratur zum *Homo faber* ist diese Arbeit – abgesehen von den Ausführungen zu „Schicksal" und „Zufall" („Max Frisch". St. Gallen 1967, 3. erw. Aufl., 202-205) – nicht brauchbar.

Vom Titel her verspricht R. Kieslers Werk: Max Frisch, Das literarische Tagebuch. Frauenfeld 1975, für den *Homo faber* relevante Ergebnisse. Aber Kiesler versteigt sich zu recht merkwürdigen Deutungen. Er unterstellt z. B. Walter Faber ein dominierendes „Bewußtsein humanistisch-klassischer Bildungstradition" (a. a. O., 95). Das Werk *Homo faber* betrachtet er insgesamt als ironisches „diaristisches Spiel" (a. a. O., 95) bzw. als eine Art Travestie der antiken Schicksalstragödie (vgl. u. 1.5.3).

Unter den Rezensionen und Aufsätzen erscheinen mir folgende lesenswert: Gerhard Kaiser: Max Frischs Homo faber. In: Schweizer Monatshefte 38 (1958), 9, 841-852 (neu abgedruckt in: Über Max Frisch II. ed. suhrkamp 852); Erich Franzen: „Homo faber". In: Aufklärungen. Frankfurt 1964, 171-177 (neu abgedruckt in: Über Max Frisch I. ed. suhrkamp 404, 71-76); W. Henze: Die Erzählhaltung in Max Frischs Roman Homo faber. In: Wirkendes Wort 11 (1961), 5; Brigitte Weidmann: Wirklichkeit und Erinnerung in Max Frischs Homo faber. In: Schweizer Monatshefte 44 (1964), 445-456; Herta Franz: Der Intellektuelle in: Max Frischs Don Juan und Homo faber. 1971 (neu abgedruckt in: Über Max Frisch II. ed. suhrkamp 852, 234-244).

Besonders bemerkenswert durch die Exaktheit in der Analyse der Makrostruktur und des Gehalts, aber problematisch in der Auffassung von der Funktion der Sprache ist das Kapitel „Homo faber" von Rolf Geißler in: Möglichkeiten des modernen deutschen Romans. 2. Aufl., 191-214 (vgl. u. 3.1, 3.4). Angesichts der oben skizzierten Forschungslage und in Anbetracht der Umfangsgrenzen, die diesem Interpretationsbändchen gesetzt sind, wird sich die Auseinandersetzung mit der Sekundärliteratur auf ein Minimum beschränken. Das gilt besonders für Strukturbereiche, die in der Sekundärliteratur bisher ohnehin nur oberflächlich berührt worden sind. In den Kapiteln 1 und 2 wird nicht vermerkt, mit welchen Interpreten Konsens besteht, sofern sich in dem entsprechenden Punkt in der Sekundärliteratur eine gewisse communis opinio erkennen läßt.

Die wertvollsten Interpretationshilfen stammen im übrigen von Max Frisch selbst. Die meisten Gehaltinterpretationen fußen auf den in den „Bericht" eingelagerten Reflexionen (z. B. 211/12; 247 u. a., [169/170; 199]).

Ferner sind folgende Passagen aus dem Tagebuch 1946-1949 heranzuziehen: Nach einem Flug, 47-55 (zum Thema „Technik" – „Fliegen"), Bildnis, 28 ff. (zum Thema „Filmen"), Schreiben, 39 (zur Sprache des *Homo faber*), Portofino Monte, 118/119 (zum Thema „Erlebnis und Erinnerung"), Zur Lyrik, 211-214 (zum Thema „Banalität und Poesie"), Café Odeon, 440/441 (zum Thema „Zufall").

Frischs Reisebericht aus Mexiko (1952) *Orchideen und Aasgeier* sowie der Aufsatz *Unsere Arroganz gegenüber Amerika* (1952) geben interessante Aufschlüsse über biographische Züge im *Homo faber*. Das gleiche gilt für *Montauk*, 166-169.

Da *Don Juan* und *Homo faber* in der Thematik eng verwandt sind, liest sich das Nachwort des Autors zu *Don Juan* („Nachträgliches zu Don Juan") fast wie eine Interpretation zu *Homo faber*.

2
Thematik

2.1
Bedeutung des Titels

In den Titeln sowohl der epischen wie auch der dramatischen
Werke Frischs sind überwiegend Namen enthalten. *Homo faber,
Don Juan oder die Liebe zur Geometrie* und *Herr Biedermann und
die Brandstifter* nehmen insofern eine Sonderstellung ein, als in
diesen Titeln jeweils die Bezeichnung eines Typus dominiert.
Durch diese Art der Titelgebung wird der Charakter der Hauptfigur in der Leser- bzw. Zuschauererwartung von vornherein weitgehend festgelegt. Im *Biedermann* bestätigt die Figur das erwar-
tete Klischee; die überraschende Pointe des Stücks liegt in der
Anbiederung des Biedermanns an den Gegentypus des Brandstif-
ters. Im *Don Juan* wird der Typus hingegen umgedeutet: Don
Juan nicht als Verführer, sondern als Opfer der Verführung.

Auch mit dem Titel *Homo faber* werden beim Leser schon
vorhandene Vorstellungen angesprochen, die ihren Niederschlag
beispielsweise im Konversationslexikon gefunden haben: „Homo
faber (lat: der Mensch als Schmied), der Mensch, soweit er die
Welt handelnd angeht. In typologischer Wendung bezeichnet
Homo faber oft den praktisch, insbesondere technisch tätigen
Menschen im Unterschied zur theoretisch-kontemplativen oder
zur fürsorgenden Lebensform." (Brockhaus 1969) Verweise auf
Marx, Scheler und Gehlen deuten die Herkunft des Begriffs an.

Indem Frisch bewußt auf diesen anthropologischen Hintergrund rekurriert, beansprucht er für die Hauptfigur des Romans
und ihr Schicksal exemplarische Geltung.

Mit Recht hat schon Stäuble darauf hingewiesen, daß die Begriffe „Techniker" und „Technik" im *Homo faber* sehr weit gefaßt
werden müssen. Technik hat hier mehr als nur instrumentalen
Charakter, sie ist eine Weltanschauung. Die ihr diametral entgegengesetzte Lebenseinstellung bezeichnet Faber als „Mystik" (26),
[22].

Das Exemplarische der Faber-Figur wird durch die Zugehörigkeit Fabers zur globalen Organisation der Unesco und durch
seine weltweiten Reisen unterstrichen. Daß sich Faber als Expo-

13

nent der „Technik" im obengenannten umfassenden Sinne fühlt, zeigt auch seine aggressiv-betroffene Reaktion auf Marcels Zivilisationskritik (die übrigens stark an Ideen Ludwig Klages erinnert): „Ich platzte nur, wenn sich Marcel über meine Tätigkeit äußerte, beziehungsweise über die Unesco: der Techniker als letzte Ausgabe des weißen Missionars, Industrialisierung als letztes Evangelium einer sterbenden Rasse, Lebensstandard als Ersatz für Lebenssinn..." (61), [50]. Frisch versteht jedoch den *Homo faber* nicht ausschließlich als neuzeitlichen (und neuweltlichen), sondern als potentiell überzeitlichen abendländischen Typus; das zeigt Fabers Verwandtschaft mit Don Juan (vgl. „Nachträgliches zum Don Juan", 100) und Ödipus (vgl. u. 2.5.3).

Sieht man einmal von diesen anthropologischen Bezügen ab, so kann man das zweiteilige Syntagma „homo – faber" als Antizipation der inneren Zwiespältigkeit der Hauptfigur auffassen – der Diskrepanz von nur-technischer und humaner Lebenskonzeption (vgl. u. 2.3).

2.2
Der Dualismus in Fabers Weltsicht

2.2.1
Technik – Natur

Walter Faber arbeitet als Ingenieur für die Unesco. Sein Ressort ist die technische Erschließung unterentwickelter Regionen. Seinen Beruf betrachtet Faber nicht als beliebigen Job, sondern er steht auf dem Standpunkt, daß der Beruf des Technikers für ihn persönlich der einzig mögliche und darüber hinaus „der einzig männliche überhaupt" (94) [77] sei. Ein Leben außerhalb des beruflichen Bereichs kann er sich nicht vorstellen: „Ich lebe, wie jeder wirkliche Mann, in meiner Arbeit" (111) [90].

Es stellt sich die Frage, warum Faber „Leben" so gänzlich mit „Arbeit" gleichsetzt. Man könnte zunächst annehmen, daß sein Einsatz für die Entwicklungshilfe auf idealistischen Motiven, etwa humanem Engagement, beruhe. Aber im Verlauf des Berichts zeigt sich, daß ihm Menschen im allgemeinen und sogar diejenigen, denen seine Entwicklungshilfe zugedacht ist, gleichgültig, ja geradezu lästig sind: „Menschen sind eine Anstrengung für mich"

(112) [92]. Seine Verachtung für die Indios äußert er beispielsweise in dem abwertenden Urteil: „ein weibisches Volk" ... „geradezu kindisch" (46) [38].

Faber betrachtet die Technik nicht als Mittel zu einem höheren, humanen Zweck, sondern als absoluten Selbstzweck. Symptomatisch dafür ist sein Verhältnis zu Maschinen jeder Art: Wenn irgendeine Maschine nicht funktioniert oder auch nur leerläuft, macht ihn das „nervös". Selbst in denkbar unpassenden Augenblicken muß er darangehen, Maschinen zu reparieren. Am Abend des endgültigen Abschieds von Ivy will sich Faber rasieren („nicht weil ich's nötig hatte, sondern nur so" – 76 [63]). Da erweist sich der Rasierapparat als defekt. Obwohl Faber sich eben noch über das Warten auf Ivy aufgeregt hat – er wollte ausgehen –, nimmt er sich nun die Zeit, den Apparat völlig zu zerlegen. Dabei besitzt er einen intakten Reserveapparat, den er ohne weiteres benutzen könnte. Ähnlich deplaziert wirkt die Autoinspektion im Dschungel (210, 211) [169]. Besonders aufschlußreich ist Fabers Einstellung zum Roboter als Inbegriff des Technischen: „Der Roboter erkennt genauer als der Mensch, er weiß mehr von der Zukunft als wir, denn er errechnet sie, er spekuliert nicht und träumt nicht... und kann sich nicht irren; der Roboter braucht keine Ahnungen –" (91, 92) [75].

Faber sieht im Roboter offenbar mehr als ein mechanisches Hilfsmittel. Bewußt überpointiert stellt er die Funktionsweise des Roboters als vorbildlich für den Menschen dar. Den Menschen vergleicht Faber öfter mit einer technischen Konstruktion: (beim Anblick seines Spiegelbildes) ... „überhaupt der ganze Mensch! Als Konstruktion möglich, aber das Material ist verfehlt: Fleisch ist kein Material, sondern ein Fluch" (214) [171]. Ähnliche Äußerungen finden sich z.B. 106, 113, 150 [86/87, 92/93, 122] und – weniger prononciert – an mehreren anderen Stellen.

Das Problem der Abtreibung behandelt Faber dementsprechend nicht als subjektiv-ethische Entscheidungsfrage, sondern er verschiebt es ins Technisch-Quantitative: „Fortschritt in Medizin und Technik nötigen gerade den verantwortungsbewußten Menschen zu neuen Maßnahmen ... Der Mensch plant" (129/130) [106]. Der Mensch dürfe sich nicht von „mechanisch-physiologischen Zufällen" (131) [107] abhängig machen, denn „wir leben technisch" (131) [107].

Durch diese Objektivierung des Problems umgeht Faber die existentielle Entscheidung im konkreten Fall.

Wie die Geburt so versucht Faber auch den Tod als quantitative Größe zu erfassen, um dem Todesgedanken seine Unerträglichkeit zu nehmen: „Die Mortalität bei Schlangenbiß beträgt 3–10 Prozent" (160) [130]. Mit Prozentrechnung möchte Faber sich und Hanna beruhigen. So rechnet Faber auch sich selbst vor: „Meine Operation wird mich von sämtlichen Beschwerden für immer erlösen, laut Statistik eine Operation, die in 94,6 von 100 Fällen gelingt..." (205) [164]. Die Statistik führt Faber schließlich noch ins Feld, um seine Lebensschuld zu negieren (Näheres s. u. 1.5).

Aber in keinem Fall (– auch z.B. nicht, als Faber das Geburtsdatum Sabeths „errechnet" – 149 [121/122]) geht Fabers Lebensrechnung auf: Er wird von der Wirklichkeit gestellt und gezwungen, zu ihr persönlich Stellung zu beziehen; denn ist eine bestimmte Lebenswirklichkeit einmal eingetreten, so wird es dem Betroffenen nachträglich irrelevant erscheinen, ob dieses Schicksal als statistischer Grenzfall oder als Normalfall über ihn gekommen ist. Fabers existenzielle Fehlhaltung faßt Hanna überzeugend in dem Satz zusammen: „Du behandelst das Leben nicht als Gestalt, sondern als bloße Addition" (211) [170].

Als Exponent der Zivilisation steht Faber zur Natur in einem ausgesprochenen Feindschaftsverhältnis. Seine berufliche Tätigkeit läßt sich als dauernder Kampf gegen die elementare Natur auffassen. In Fabers Bericht präsentiert sich schon ganz zu Anfang Natur als Hindernis der Technik: Schneefall hindert die Maschine am Start. Die Natur in jeder Erscheinungsform pflegt Faber durch technische Hilfsmittel möglichst von sich fernzuhalten. Er wohnt in New York, der Metropole der Technik, und zwar in einem Hochhaus, er verschanzt sich gegen die Natur und das Naturerlebnis mit Maschinen: Filmapparat, Rasierapparat, Schreibmaschine, Auto und Flugzeug. Im Auto fühlt er sich zu Hause: „Zu den glücklichsten Minuten, die ich kenne, gehört die Minute, ... wenn ich in meinem Wagen sitze, die Türe zuschlage und das Schlüsselchen stecke" (112) [92]. Auf der Schiffsreise bedauert Faber: ... „Fünf Tage ohne Wagen! Ich bin gewohnt, zu arbeiten oder meinen Wagen zu steuern, es ist keine Erholung für mich, wenn nichts läuft" (92) [75/76].

Vor der Natur-Erde flüchtet Faber gleichsam in die vertikale Distanz: Er bevorzugt als Wohnung ein Appartement im Wolkenkratzer. Beim Flug erlebt er betont die Distanz zur Erde. Was er beim Blick aus dem Flugzeug hinab zur Erde konstatiert, wirkt vorwiegend abstoßend auf ihn: „seicht ... trübe ... widerlich" (20,21) [18]. Erst nach Fabers innerer Erschütterung durch den Tod seiner Tochter und angesichts seines eigenen nahen Endes legt Faber eine veränderte Einstellung zur Erde und zum Fliegen an den Tag: „Nie mehr fliegen! ... Wunsch, auf der Erde zu gehen ... Wunsch, die Erde zu greifen!" (242/243) [195].

Faber (der unverwandelte) begegnet der Natur vor allem in zwei extrem elementaren Erscheinungsformen: Wüste und Dschungel. Er reagiert darauf immer mit starker innerer Abwehr. In der Wüste versucht er (ohne Erfolg), als symbolische Abwehrmechanik seinen Rasierapparat in Gang zu setzen und mit seiner Kamera die Natur als „Bildnis" zu fixieren – jedoch ohne befriedigendes Ergebnis (32) [27]. Als einzige Rettung bleibt das Schach. Bezeichnenderweise spielen alle Repräsentanten der technisch-„männlichen" Lebenseinstellung Schach: Faber, Joachim Hencke, Herbert Hencke und Dick. Die Verwandtschaft zu Don Juan, den Frisch sogar im Bordell Schach spielen läßt, ist unverkennbar.

Mächtiger noch als die Wüste wirkt die Natur in Gestalt des Dschungels auf Faber ein. Sie lähmt ihn geradezu. Er wird „unfähig zu irgendeinem Entschluß" (44) [37], völlig desorientiert und „verzweifelt" (41) [35]. Der Anblick der Dschungelnatur erfüllt Faber mit Ekel und Abscheu: „Ekel", „ekelhaft", „widerlich" sind semantische Leitmotive der entsprechenden „Bericht"-Passagen. Die Rückfahrt ähnelt einer panikartigen Flucht vor der Natur: „Auf unserer Rückfahrt damals machten wir überhaupt keinen Stop ... Ich war froh, nicht allein zu sein, obschon eigentlich keinerlei Gefahr, sachlich betrachtet..." (83/4) [69]. Aber im Banne des Dschungels ist Faber zur „sachlichen Betrachtung" nicht mehr fähig. Erst dem innerlich gewandelten Faber wird später ein positives Naturerlebnis zuteil (Akrokorinth – 184 ff. [150 ff.], Habana – 225/6 [180/181], letzter Flug – 242/244 [194–197]). In diesen Augenblicken erlebt Faber die Natur nicht mehr als elementaren Gegensatz zur menschlichen Zivilisation, sondern als Elementarmacht und Lebensraum des Menschen zugleich.

2.2.2
Der Gegensatz Mann-Weib

Walter Faber versteht, wie er immer wieder betont, seine rationale Lebenskonzeption als „männlich". Diesem männlichen Prinzip tritt als Gegensatz das weibliche Prinzip gegenüber.[1] Frauen haben im *Homo faber* eine grundsätzlich andere Einstellung zur Technik als der Mann: Der Mann geht in seinem technischen Beruf auf, den Frauen dagegen bleibt der technische Bereich völlig verschlossen. Das zeigt sich symptomatisch, als Faber Sabeth durch den Maschinenraum des Schiffes führt. Während Faber von Wasserdruck und Konstruktion redet, „war ihre kindliche Fantasie schon draußen bei den Fischen" (107) [87]. Für Frauen scheint der Beruf eine zweitrangige Angelegenheit zu sein. Über Ivys Beruf ist sich Faber selbst nach längerem Zusammenleben noch nicht im klaren, Hanna arbeitet abwechselnd in verschiedenen (nichttechnischen) Bereichen. Trotz ihrer angesehenen Position als Archäologin findet Hanna (im Gegensatz zu Faber) ihr Leben „verpfuscht" (176) [143], weil für eine Frau nach ihrer Ansicht als Lebenserfüllung nur die Partnerbeziehung gilt. Auch für Sabeth, die noch nicht weiß, welchen Beruf sie wählen soll, sind mitmenschliche Beziehungen der „Hauptberuf".

Die Frau unterscheidet sich vom Mann ferner (wie Faber es sieht) durch ihr Kontakt- und Kommunikationsbedürfnis, das Faber wiederum als Belastung, ja Bedrohung empfindet: „Ivy heißt Efeu, und so heißen für mich eigentlich alle Frauen" (111) [91]. Faber bejaht vor seiner Wandlung die totale menschliche Isolation als Bedingung der „männlichen" Autarkie.

Wenn irgendein Kontakt zustandekommt, geht er in der Regel nicht von Faber, sondern von dem andern aus. Lediglich im Falle Sabeths führt Faber das Zusammentreffen in Paris absichtlich herbei. Aber bei allen sexuellen Kontakten geht die Initiative von Frauen aus, z. T. wird Faber wider seinen Willen verführt (so z. B. in der Abschiedsszene mit Ivy). Auch Sabeth kommt von sich aus zum erstenmal (in Avignon) zu Faber.

So verständnislos Frauen der Technik gegenüberstehen, in Fragen der Lebenswirklichkeit sind sie dem Mann auf eine geheimnisvolle Weise voraus: Ivy liest Fabers kurze Lebenslinie aus seiner Hand. Hanna weiß viel mehr über Fabers Leben als er selbst.[2]

2.3
Der innere Antagonismus in Fabers Person

Würde sich der Antagonismus der beiden Prinzipien Mann/
Technik – Weib/Natur auf die Außenwelt beschränken, wäre er
wohl für Faber erträglich. Unerträglich aber ist die Erfahrung für
Faber, daß das Gegenprinzip auch ihn selbst beherrscht. Mit
Schrecken und Abwehr konstatiert Faber, daß er selbst ein Teil
der vegetativen Natur ist. Er bemerkt es z. B. am Wachsen seines
Bartes: „Ich habe dann das Gefühl, ich werde etwas wie eine
Pflanze, wenn ich nicht rasiert bin" (32) [27]. Ebenfalls Herbert
Henckes totale „Überwucherung" durch den Dschungel wird für
Faber an dessen Bart sichtbar (209) [168]. Vor allem im Dschungel hat Faber das Gefühl, auf eine elementare Art in die Natur
einbezogen zu werden: „Wir waren naß von Schweiß und Regen
und Öl, schmierig wie Neugeborene" (84) [69].
Am stärksten wird Faber die Verbundenheit mit der „weiblichen" Natur in der eigenen Sexualität sinnfällig, die ihm bei rationaler Betrachtung fremd und erschreckend erscheint: „Ich …
wollte nicht daran denken, wie Mann und Weib sich paaren.
Trotzdem die plötzliche Vorstellung davon, unwillkürlich, Ver-
wunderung, Schreck wie im Halbschlaf…" (114) [93]. „Es ist ab-
surd, wenn man nicht selbst durch Trieb dazu genötigt ist…"
(114) [93]. Wenn Ivy ihn mehrfach gegen seinen Willen verführt
(dabei ohne jede äußere Aktivität ihrerseits), kann Faber nur fest-
stellen: „Ich weiß nicht, wie es wieder kam" (80) [66]. Wenn er
dann sagt, daß er Ivy „fürchtet" (80) [66], ist das nicht zutreffend;
er fürchtet nicht Ivy, sondern seine eigene Verführbarkeit, die
„weibliche" Natur in sich selbst.
Worin die Ablehnung der eigenen Naturhaftigkeit letztlich begründet liegt, zeigt sich in der Dschungelszene deutlich: Indem
das Ich in den Kreislauf der Natur einbezogen wird, unterliegt es
dem Tod. Wer das Leben akzeptiert, muß auch den Tod akzeptie-
ren. In der Dschungelnatur kommt für Faber das untrennbare
Ineinander von vegetativem Leben und Vergehen zum Ausdruck:
„Man weiß nicht, was da pfeift und kreischt und trillert… man
weiß es nicht, Brunst oder Todesangst" (51) [42]. Der tropische
Dschungel als Symbol der „blühenden Verwesung" (Don Juan,
Nachträgliches, 95) taucht in den Werken Frischs an verschiede-

nen Stellen auf: außer im *Homo faber* im *Stiller*, im *Don Juan*
(Nachträgliches) und zum erstenmal in den Reiseimpressionen
aus Mexiko *Orchideen und Aasgeier*. Offenbar hat das Erlebnis des
Dschungels (während des ersten Amerika-Aufenthalts) bei Frisch
Eindrücke von bleibender Faszination hinterlassen.

Im *Homo faber* läßt Frisch den „wissenden" Marcel Fabers Erfahrung auf die mystische Formel bringen: „Tu sais, que la mort
est femme ... et que la terre est femme" (84) [69]. Diese chthoni-
sche Trias terre-femme-mort empfindet Faber als feindliches Gegenprinzip schlechthin, und er ahnt, obwohl er es (zunächst)
nicht wahrhaben will, daß er diesem unterliegt. In Faber selbst
wuchert ja schon jenes übermäßige Zell-Leben, das zum Tode
führt.

2.4
Das Identitätsproblem

2.4.1
Die Behandlung des Problems als Leitthema in Frischs Werk

Horst Bienek konstatiert in den „Werkstattgesprächen" mit
Frisch: „Es ist das Problem der verfehlten menschlichen Existenz,
das Sie eigentlich nie losgelassen hat und das Sie später (nach
dem *Stiller*) immer wieder in anderen Werken variieren" (30) [X].
Frisch stimmt dem zu. Man darf diese Feststellung präzisieren:
Die „verfehlte Existenz" stellt sich immer wieder als innere Ge-
spaltenheit, als personale Nichtidentität dar. Ein Ausdruck dieser
Gespaltenheit ist beispielsweise das bemerkenswerte Faktum, daß
viele Romanfiguren Frischs im Verlauf der Geschichte jeweils
ihre Namen ändern: Jürg Reinhart wird zu Anton, Stiller zu
White. In *Bin* besteht schon von vornherein die symbolische
Aufspaltung in „Ich" und „Bin". Im *Gantenbein* schließlich ver-
vielfältigt sich das Erzähler-Ich, das nun nur noch als der geheime
Hauptnenner verschiedener Rollen (Gantenbein-Enderlin-Svo-
boda-Philemon) aufzufassen ist. Selbst im literarischen Tagebuch
Montauk setzt sich die Aufspaltung der erzählenden und erlebenden Person in „ich" und „er " durch. Auch in den Bühnenstücken
fungieren die Namen der Hauptfiguren z.T. als Symbole der
Nichtidentität, so z.B. im *Graf Öderland*: Der Staatsanwalt „ver-
gißt" seinen Namen und tritt dann als Graf Öderland auf, seine

20

weibliche Gegenfigur erscheint in dreifacher Brechung als Hilde-Inge-Coco.

Vergleicht man die jeweilige besondere inhaltliche Ausprägung des Problems in den verschiedenen Werken Frischs, so zeigt sich ein wechselndes Bild. Die Tatsache der personalen Polarität bleibt konstant, aber die Pole verlagern sich innerhalb der Seelenlandschaft: Jürg Reinharts innerer Zwiespalt besteht vor allem in der Unvereinbarkeit von Künstlertum und Bürgertum, schöpferischem Ich-Ausdruck einerseits und Selbstaufgabe andererseits. Selbstmord ist für ihn die letzte Konsequenz der Ausweglosigkeit. Polarität herrscht auch in der Figurenkonstellation dieses Romans vor. Dem innerlich gespaltenen Jürg Reinhart tritt der in sich ruhende Bürger Hauswirt gegenüber. Die fragile weibliche Heldin Yvonne hat in der lebensvollen Hortense ihre Komplementärfigur.

Ähnlich gruppieren sich die Personen und Probleme im *Stiller*: Stiller, erst Künstler (Bildhauer), später Handwerker (Töpfer), versucht als Mr. White eine neue Existenz zu beginnen. Das mißlingt. Während sich Jürg Reinhart selbst auslöscht, endet Stiller als eine Art Eremit in völligem Verstummen. Wie die meisten Helden Frischs, die an ihrer Nichtidentität durch Rollenfixierung (ausgehend von einem einzelnen Du oder von der Gesellschaft) leiden, versucht Stiller, zunächst ins Offene – in diesem Fall in die Neue Welt – auszubrechen. Schließlich aber kommt er zu der Erkenntnis, daß nur der „Sprung in die eigene Nichtigkeit", die Selbstannahme, zur Identität führen kann. Er versucht, diese Erkenntnis in seinem Leben zu verwirklichen, aber das fixierte Verhältnis zu Julika hindert ihn daran, dieses Ziel zu erreichen.

2.4.2
Fabers Scheinidentität und ihre Konsequenzen

Faber bleibt auf dem Weg zur Selbstverwirklichung weit hinter Stiller zurück. Er scheint zunächst nicht einmal an seiner Nichtidentität zu leiden. Es wird auch kein Du (und keine Gesellschaft) sichtbar, das ihn auf seine Rolle fixiert hätte. Er hat sich gewissermaßen selbst fixiert und wendet alle psychische Energie auf, um in dieser Fixierung zu verharren. Durch die Verdrängung der „weiblichen" Komponente seines Wesens bewirkt er eine Art existentiellen „Kurzschluß". Seine prononcierte „Männlichkeit" stellt nichts anderes dar als eine spezielle Form der Selbstentfremdung.

Fabers nächster Verwandter ist Don Juan (wie ihn Frisch sieht): „Don Juan ist ein Intellektueller... Was ihn unwiderstehlich macht für die Damen von Sevilla, ist durchaus seine Geistigkeit, die ein Affront ist, indem sie ganz andere Ziele kennt als die Frau.. und die Frau von vornherein als Episode einsetzt mit dem bekannten Ergebnis freilich, daß die Episode sein ganzes Leben verschlingt..." (Nachträgliches zum „Don Juan", 93) „Seine Untreue ist nicht übergroße Triebhaftigkeit, sondern Angst, sich selbst zu täuschen, sich selbst zu verlieren, seine wache Angst vor dem Weiblichen in sich selbst... Don Juan ist ein Narziß... Don Juan bleibt ohne Du... Liebe, wie Don Juan sie erlebt, muß das Unheimlich-Widerliche der Tropen haben, etwas wie feuchte Sonne über einem Sumpf blühender Verwesung" (a.a.O., 95).

Don Juan fürchtet wie Faber die Auflösung des autarken männlichen Ich ins Gattungshafte, Anonyme. Allerdings besteht ein Unterschied: Während der jugendliche Don Juan nur in dem Weib seinen Gegner sieht, kämpft der alternde Faber gegen die Trinität terre-femme-mort an. Der Versuch, „den Tod zu annullieren" (94) [77] kann nur zur Tragödie führen, während Don Juans eigentümlicher Konflikt mit der weiblichen Sexualität zur Komödie tendiert.

Die Ausklammerung des Todes hat Konsequenzen für Fabers Verhältnis zur Zeit: Um den Endpunkt der menschlichen Entwicklung in der Zeit – den Tod – nicht sehen zu müssen, ersetzt Faber in seiner Vorstellung die irreversible existentielle Zeit (Frisch nennt sie in anderen Werken auch „Vergängnis") durch ein quasi-technisches Surrogat. Er verhält sich zur Zeit, als ob sie aus einer Summe steuerbarer und beliebig repetierbarer Abläufe bestünde. Er erlebt keine Jahreszeiten in der Natur und erkennt keine „Jahreszeiten" im menschlichen Leben an. Hanna kommentiert sein Verhalten im Sinne des Autors: „Du behandelst das Leben nicht als Gestalt, sondern als bloße Addition, daher kein Verhältnis zur Zeit, weil kein Verhältnis zum Tod. Leben sei Gestalt in der Zeit... Mein Irrtum mit Sabeth: Repetition, ich habe mich so verhalten, als gebe es kein Alter, daher widernatürlich. Wir können nicht das Alter aufheben, indem wir weiter addieren..." (211) [170].

„Kein Verhältnis zum Tod" impliziert: Kein Verhältnis zum Leben und zum Lebendigen. Wie sein Vorläufer Hinkelmann in den „Schwierigen" hat Faber eine Vorliebe für „tote" Dinge. Insbesondere aber führt seine rationale Einseitigkeit zur eklatanten Gefühlsblindheit. Faber konstatiert zwar immer wieder das Vorhandensein eigener Emotionen, vermag sie aber nicht differenziert wahrzunehmen und zu artikulieren. Er greift dann zu den immer wiederkehrenden stereotypen Formeln: „Ich wußte (oder: weiß) nicht, was ich dachte" (166 [135] und vgl. 4.3.3).

Ein für Faber typischer Lebensabwehr-Mechanismus ist das Filmen: Durch die technische Prozedur werden Eindrücke, die Faber emotional zu betreffen drohen, gleichsam technisch absorbiert und psychisch „unschädlich" gemacht, gewissermaßen „abgetötet".

Die Fixierung auf ein „Bildnis" als Ursünde gegen das Lebendige – dieses Thema hat Frisch schon im *Tagebuch 1946–1949* angeschlagen und in späteren Werken in immer neuen Variationen aufgegriffen: „Du sollst dir kein Bildnis machen, heißt es, von Gott. Es dürfte auch in diesem Sinne gelten: Gott als das Lebendige in jedem Menschen, das, was nicht erfaßbar ist. Es ist eine Versündigung, die wir, so wie sie an uns begangen wird, fast ohne Unterlaß wieder begehen – ausgenommen wenn wir lieben." (Tgb. I, 34).[3]

In *Andorra* hat der „Bildnis"-Gedanke (in gesellschaftsbezogener Variation) einen zentralen Platz. Er fehlt nicht im *Gantenbein*: Gantenbeins Blindenbrille fungiert als künstliches Hilfsmittel gegen Bildnis-Fixierung. Im *Stiller* spielt das Bildnis-Motiv eine wichtige Rolle: Die Partner Stiller und Julika fixieren sich gegenseitig, indem sie sich ein Bildnis vom andern machen. Hier taucht zum erstenmal das Foto in der symbolischen Bildnisfunktion auf: Stiller und Julika „kreuzigen" sich (im Traum) gegenseitig, indem sie Fotos anheften (322).

Im *Homo faber* wird diese technische Spielart des Bildnisses zum Leitmotiv. Faber filmt alles, was ihn seelisch berühren könnte, um es als Filmspule abzulegen: die verwesende Leiche seines Freundes, Ivy beim endgültigen Abschied und vor allem immer wieder Sabeth (obwohl sie nicht gefilmt werden mag). Diese Filme muß Faber – fast scheint es, als Strafe für seine Versündigung am Leben – nach Sabeths Tod wieder anschauen.

Fabers Gegenspieler, der Künstler Marcel, lehnt bezeichnenderweise das Fotografieren völlig ab: „Er behauptete steif und fest, man könne diese Hieroglyphen und Götterfratzen nicht fotografieren, sonst wären sie sofort tot" (50) [42]. Auch Sabeths rational nicht verständliche Antipathie gegen das Filmen wird mehrfach betont, so z. B. (104, 235, 236) [85, 189].

Faber gibt das Filmen in dem Moment auf, als er das Leben in seiner vollen Tiefe – als Leben zum Tode – akzeptiert und selbst sehen lernt. Das geschieht während des Kuba-Aufenthalts: „Vier Tage nichts als Schauen" (215) [172].

2.5
Zufall – Schicksal – Schuld

2.5.1
Fabers Deutung

Schon auf Seite 25 [22] seines Berichts reflektiert Faber über Fügung und Zufall, noch bevor der Leser wissen kann, aus welchem Anlaß das geschieht. Später tauchen ähnliche Reflexionen immer wieder auf.

Faber reduziert das, was ihm widerfahren ist, auf eine „ganze Kette von Zufällen" (26) [22]. Den Zufall wiederum rationalisiert und quantifiziert er als rein statistische Größe: Das Unwahrscheinliche wird als Grenzfall des Wahrscheinlichen definiert – quantitativ seltener als dies, aber keinesfalls mysteriös, weil das Unwahrscheinliche seinem Wesen nach eben zur gleichen Kategorie gehöre wie das Wahrscheinliche.

Die Fakten scheinen Fabers Sicht zu bestätigen; die entscheidenden Weichenstellungen des Geschehens bestehen tatsächlich in solchen statistischen Unwahrscheinlichkeiten: Durch eine Notlandung lernt Faber zufällig einen Passagier näher kennen, der sich als Bruder eines Jugendfreundes entpuppt. Später versagt zufällig ein Rasierapparat, und so erreicht zufällig der späte Anruf der Schiffahrtsgesellschaft Faber noch zu Hause. Auf der Schiffsreise (– Faber benutzt sonst immer das Flugzeug –) trifft Faber zufällig ein Mädchen, das, wie sich herausstellen wird, seine Tochter ist. Zufällig lernen sie sich näher kennen. Zufällig drängt Williams Faber in diesem Augenblick einen Europa-Urlaub auf. Zufällig erleben Faber und Sabeth in Avignon gemeinsam jene folgenschwere Mondfinsternis (– sozusagen einen kosmischen „Zufall").

Wenn jemand in dieser Verkettung Fügung durch eine höhere Macht sehen will, so ist ihm dies unbenommen, – aber nichts zwingt zu dieser Auffassung. Faber selbst läßt durch die betroffene Schärfe des Protests gegen den Begriff „Fügung" vermuten, daß er durch die statistische Objektivierung seines Schicksals subjektiv doch nicht völlig überzeugt ist. Die Erschütterung seiner positivistischen Einstellung verraten z.b. die ans Groteske streifenden Fragen an Juana, „ob Juana glaubt, daß die Schlangen (ganz allgemein) von Göttern gesteuert werden, beziehungsweise von Dämonen" (224) [180]. Hier wird durch die verschleiernde Ironie hindurch deutlich, daß in Faber irrationale Vorstellungen an die Oberfläche drängen, die jedoch die rationale Einstellung allenfalls verdrängen, aber nicht widerlegen können.

2.5.2
Hannas (Frischs) Deutung

Hanna bringt schließlich eine Interpretation, die sich in ihren Gedankengängen eng an Tagebuch-Ausführungen Frischs zum Thema „Zufall" anlehnt. Sie geht nicht primär von den äußeren Fakten, sondern vom Subjekt aus: „Es ist kein zufälliger Irrtum gewesen, sondern ein Irrtum, der zu mir gehört" (211) [169/170]. In Frischs Tagebuch 1946–1949 heißt es: „Der Zufall ganz allgemein: Was uns zufällt, ohne unsere Voraussicht, ohne unseren bewußten Willen. Schon der Zufall, wie zwei Menschen sich kennenlernen, wird oft als Fügung empfunden... Dabei wäre es kaum nötig, daß wir, um die Macht des Zufalls zu deuten und dadurch erträglich zu machen, schon den lieben Gott bemühen; es genügte die Vorstellung, daß immer und überall, wo wir leben, alles vorhanden ist:... für mich aber, wo immer ich gehe und stehe, ist es nicht das vorhandene Alles, was mein Verhalten bestimmt, sondern das Mögliche, jener Teil des Vorhandenen, den ich sehen und hören kann... der Zufall zeigt mir, wofür ich zur Zeit ein Auge habe... Am Ende ist es immer das Fällige, das uns zufällt" (440).[4]

So läßt sich auch Fabers Geschichte interpretieren: Nicht der Zufall entscheidet, daß Faber in Mexiko zum erstenmal vom Pfad seiner Techniker-Pflicht abweicht, sondern es ist Fabers „Entschluß" – oder genauer: der „Entschluß" seines Unbewußten. Der Zufall (-objektiv genommen als das statistisch Unwahrscheinliche) bietet Faber lediglich Möglichkeiten an, aus denen Faber je eine zur Verwirklichung auswählt: Allerdings werden Fabers Entscheidungen nicht von der Ratio und vom bewußten Willen getroffen, sondern steigen aus tieferen, Fabers derzeitigem Bewußtsein nicht zugänglichen Seelenschichten auf. Beispiele dafür lassen sich beliebig häufen: Faber will einen Brief an Williams schreiben: „(ich) spannte einen Bogen ein, Bogen mit Durchschlag, da ich annahm, ich würde an Williams schreiben, tippte das Datum und schob – Platz für Anrede: ‚My Dear!' Ich schrieb also an Ivy" (35) [30]. Wie es zu Fabers Entscheidung kommt, mit Herbert Hencke in den Urwald zu reisen, ist aufschlußreich. Faber entschließt sich plötzlich und in letzter Minute zu diesem Abstecher, während sein Fluggepäck schon aufgegeben ist. Herbert findet sein Verhalten „flott" (40) [33]. Faber selbst kommentiert es: „Ich weiß nicht, was es wirklich war" (40) [33]. Er will seinen ihm selbst unverständlichen Entschluß dann wieder rückgängig machen: „Ich war entschlossen, wie gesagt, nach Mexiko-City zurückzufliegen. Ich war verzweifelt. Warum ich es nicht tat, weiß ich nicht" (41) [35].

So fällt auch Fabers folgenschwerer Entschluß, zum erstenmal per Schiff zu reisen: „Plötzlich höre ich mich am Telefon: Anfrage wegen Schiffsplatz nach Europa... ich weiß nicht, wieso ich plötzlich... auf die Idee kam, nicht zu fliegen" (72) [60]. Gleichermaßen überraschend kommt für ihn – und für Sabeth – sein Heiratsantrag, den er dem „fremden" Mädchen auf dem Schiff macht (116/117) [95]. Selbst die erste gemeinsame Nacht in Avignon ist von Faber nicht beabsichtigt: „Ich dachte nicht einen Augenblick daran, daß es dazu kommen würde" (152) [124].

Wenn man also von Fabers Schuld spricht, kann man sie nicht in bewußten Akten der freien Willensentscheidung suchen, sondern in Fabers (– selbstverschuldeter? –) innerer Unfreiheit; sie resultiert daraus, daß er die naturhaft-irrationale Schicht seiner eigenen Person nicht akzeptiert, ja nicht einmal zur Kenntnis nehmen will. Aus dieser einseitigen Existenzkonzeption resultiert seine Blindheit, die zur Katastrophe führt.[5]

Unter diesem Aspekt ist auch der Inzest nicht (wie einige Rezensenten gemeint haben) als eine überflüssige Geschmacklosigkeit des Autors zu werten, sondern als schärfstmöglicher Ausdruck der existentiellen Verfehlung und Symbol der Widernatürlichkeit, die in der einseitigen Techniker-Existenz liegt.[6]

Abschließend läßt sich sagen: Während Fabers Versuch, den „Zufall" – entsprechend seiner mechanistischen Weltauffassung – als mehr oder weniger wahrscheinliche Kreuzung äußerer Kausalketten zu erklären, für den Leser unbefriedigend bleibt, wirkt die vom Autor Hanna zugeschriebene Deutung absolut überzeugend. Auch ihre Sicht läßt die Erklärung des Zufalls als Kreuzung zweier Kausalketten zu: es handelt sich in ihrem Sinne jedoch um zwei verschiedene Kausalitätsebenen: Eine äußere – physische – Kausalkette wird von innerpsychischer Kausalität gekreuzt, und diese beruht in Fabers einseitiger technoider Lebenskonzeption.

2.5.3
Homo faber und Ödipus

In gewisser Hinsicht ist Fabers Schuld mit der tragischen Schuld des antiken Ödipus vergleichbar: Ödipus lädt – subjektiv unschuldig – durch die ungewollte Verletzung der objektiv gültigen Weltordnung im Sinne des antiken Weltverständnisses Schuld auf sich. Auch Faber verstößt – im einzelnen Akt jeweils unschuldig – gegen eine Naturordnung der menschlichen Existenz.

Die deutlichste Parallele liegt im Inzest an sich. Beziehungsreich erscheint auch Fabers Blendungsvorstellung: „Warum nicht diese zwei Gabeln nehmen, sie aufrichten in meinen Fäusten und mein Gesicht fallen lassen, um die Augen loszuwerden?" (239) [192]. Der Bezug zur griechischen Antike erstreckt sich auf die Geographie: Hellas, genauer: Athen, die Wiege der abendländischen Kultur, bildet die Endstation auf Fabers Entwicklungsweg. Diese Entwicklung, so scheint es, ist ein symbolischer Weg zurück zu den abendländischen Anfängen.

Allerdings sollten die Anspielungen auf Ödipus, die Sphinx, die Erinnyen und Klytemnästra (136, 167, 17) [111, 136, 142] niemand dazu verführen, im *Homo faber* eine epische Kopie oder Travestie des antiken Schicksalsdramas zu sehen.[7] Diese Auffassung verbietet die gehaltliche und strukturelle Originalität des *Homo faber*. Die Gemeinsamkeiten beschränken sich doch auf recht allgemeine Züge: Faber wie Ödipus befreien kraft ihrer Ratio die Menschheit vom „Übel" – sei es nun die Sphinx oder die Unterentwicklung. Beide bringen aber womöglich noch größeres Unheil über ihre Mitmenschen. Eine strukturelle Verwandtschaft liegt in der analytischen Prozeßführung. Die Vergangenheit wird jeweils rückwirkend aufgerollt und zur Gegenwart in Beziehung gesetzt. Diese Struktur ermöglicht eine Fülle von Vorausdeutungen, die sich zur Katastrophe hin verdichten.

2.6
Fabers Wandlung

2.6.1
Sabeth als Psychagogin: „Leben – im Licht sein" (247) [199]

Daß in Walter Faber durch den Tod Sabeths eine Erschütterung eintritt, die eine innere Wandlung einleitet, ist ohne weiteres verständlich. Bei genauerer Betrachtung wird zudem deutlich, daß schon zuvor Sabeth Faber eine Ahnung davon vermittelt hat, was „Leben" bedeutet: Offensein für alle Eindrücke, Schauen, Sichfreuen, Singen, „Ernstnehmen" des Lebens. Fabers „Zynismus gegenüber dem Leben ganz allgemein" (133) [108] erträgt Sabeth nicht. Zu dem Avignon-Erlebnis kommt es folgerichtig erst in dem Augenblick, da Faber seinen Lebenszynismus verloren hat; angesichts der überraschenden Mondfinsternis „redet" Faber zum erstenmal „von Tod und Leben" (153) [124, 125]. „Das Mädchen fand damals... zum erstenmal, daß ich uns beide ernstnehme" (153) [124].

In der Gemeinsamkeit mit Sabeth öffnet Faber sich zum erstenmal einem wirklichen Landschaftserlebnis – in der Nacht und dem Morgen auf Akrokorinth. Sabeth lehrt Faber das „Schauen". Wenn Faber nach ihrem Tod den Entschluß faßt, „anders zu leben" (226) [182], so orientiert er sich unbewußt an ihrem Vorbild: „Vier Tage nichts als Schauen" (215) [172] wäre dem Techniker Walter Faber noch vor wenigen Wochen als pure Zeitverschwendung erschienen. Wie zuvor Sabeth und Marcel versucht Faber nun zu singen: „Ich schaukle und singe. Stundenlang. Ich singe! Ich kann ja nicht singen, aber niemand hört mich" (226) [181]. Wie früher von Sabeth kann Faber jetzt von sich selbst sagen: „Ich hatte keinen besonderen Grund, glücklich zu

28

sein, ich war es aber" (225) [180]. Allerdings ist diese Abschieds-euphorie eines Moribunden notwendig auf einen kurzen Lebens-augenblick zusammengedrängt (ähnlich wie im Falle Pelegrins in *Santa Cruz*).

Vorbedingung für die Intensität dieses Lebensgefühls ist das nicht länger verdrängte Bewußtsein des nahen Todes. Diese Exi-stenzsituation (Leben vor dem Hintergrund des endgültigen Ab-schieds) findet ihren symbolischen Ausdruck in der Polarität von Licht und Finsternis, die die Habana-Szene beherrscht. Die ele-mentare Plötzlichkeit der Existenz-Offenbarung wird (wie im Falle Hinkelmanns in den „Schwierigen") durch das Gewitter (218) symbolisiert: „Mein Entschluß, anders zu leben – Licht der Blitze; nachher ist man wie blind, einen Augenblick lang hat man gesehen" (218) [175].

Fabers Wandlung spiegelt sich nicht zuletzt in seiner heftigen Kritik am American way of life (218–220) [175, 176]. Dabei geht die Anlehnung an Marcels Zivilisationskritik, die Faber früher als „Künstlerquatsch" (61) [50] abgetan hat, bis ins Stilistische.

Faber bricht völlig mit seiner früheren Existenz als Techniker: Er kündigt seine Stellung (245) [197]. Alle technischen Akziden-tien fallen von ihm ab; den Chronometer muß Faber bei der Fahrt von der Unfallstelle nach Athen weggeben. Er gibt seine Wohnung in Manhattan auf, seinen Studebaker, die Gewohnheit des Filmens und des Fliegens. Schließlich muß er sogar auf seine Schreibmaschine verzichten.

Seine selbstverschuldete Isolierung versucht Faber nun zu durchbrechen. Er schreibt (in Habana) Briefe an Hanna, Dick, Marcel, die er allerdings dann doch nicht abschickt bzw. die den Empfänger nicht erreichen. Er bemüht sich, Kontakte anzuknüp-fen, während er noch kurz zuvor Menschen nur als Anstrengung empfunden hat: „Der Siebenjährige… ich greife nach seinem Kruselhaar" (219) [175]. Dabei hat er noch vor kurzem mehrfach betont, daß es „nicht seine Art (sei), jemand anzufassen" (20) [18]. Weitere Versuche der Kontaktaufnahme schließen sich an (– mit dem jungen Zuhälter, Juana und dem Zimmergirl).

Nun, da Faber die komplexe Totalität der Existenz akzeptiert, bejaht er zum erstenmal bewußt die eigene Sexualität, (vgl. 216 [173]). „Meine Begierde…". Er vollzieht symbolisch die sexuelle Vereinigung mit der Frau aus Sand („Wildlingin" 221, [177], in welcher wiederum symbolisch die Einheit terre-femme zum Ausdruck kommt.

Paradoxerweise kehren sich nun die Gegebenheiten um: Früher verabscheute Faber die Sexualität, unterlag ihr gegen seinen Willen aber immer wieder. Nun bejaht Faber die Sexualität, ist zum Vollzug aber nicht mehr fähig (222) [178].

2.6.2
Fabers Testament: Frischs Credo?

Die Quintessenz der späten Lebenserfahrung Fabers ist in seiner „Verfügung für den Todesfall" (247) [199] zusammengedrängt: „„Auf der Welt sein: im Licht sein. Irgendwo (wie der Alte neulich in Korinth) Esel treiben, unser Beruf!... Standhalten der Zeit, beziehungsweise Ewigkeit im Augenblick. Ewig sein: gewesen sein" (247) [199].

Man hat Frisch mehrfach vorgeworfen, daß er mit dieser radikalen Absage an die Zivilisation einen illusionären Rückzug ins „einfache Leben" als allzu billige Problemlösung anbiete. In der Tat enthält ja schon die „Verfügung" ein Paradoxon in sich: Wie sind „Auf der Welt sein" und „Beruf", womit Dauer in der Zeit vorausgesetzt wird, zu verbinden mit der „Ewigkeit im Augenblick"? Der Augenblick ragt doch aus der Zeit heraus, er hat keine Erstreckung in der Zeit. – Über den möglichen Sinn von „Ewigkeit im Augenblick" werden sich im Zusammenhang der Zeit-Untersuchung noch Aufschlüsse ergeben. Hier sei festgestellt: Der *Homo faber* ist ein Rollenroman, strenger und entschiedener durchgehalten als jeder andere Roman Frischs. Man darf daher die Äußerung eines Rollenträgers nicht ohne weiteres als Credo des Autors betrachten und diesem die Widersprüchlichkeit seiner Äußerungen anlasten. Es wäre sogar rollenpsychologisch falsch, von Faber, dem Erschütterten, eine philosophisch abgeklärte Lebenslehre zu erwarten. Allerdings muß andererseits auch mit der Möglichkeit gerechnet werden, daß die Antinomie der existentiellen Einmaligkeit (= „Augenblick") und der existentiellen Wiederholung in der Zeit (= „in der Welt sein"), die in Fabers Testament bestehen bleibt, für den Autor selbst ein unauflösliches Existenzproblem darstellt. Die Romane *Stiller* und *Gantenbein* spielen differenziertere Lösungsversuche durch, doch auch diese führen zu keinem für den Autor endgültigen Ergebnis.

3
Symbolik

3.1
Methodische Vorbemerkung

In der deutschen Literatur gibt es nur wenige Romane und Novellen, die ein derart dichtes Symbolgeflecht aufweisen wie der *Homo faber*. Auch im epischen Gesamtwerk Frischs nimmt der *Homo faber* in dieser Hinsicht eine Sonderstellung ein. In der Reichhaltigkeit an Symbolik kommen ihm allenfalls einige Bühnenstücke (Santa Cruz, Don Juan, Andorra) nahe. Es ist kaum möglich, die Symbolik des *Homo faber* in einem isolierten Kapitel abzuhandeln; vor allem mit dem Kapitel „Thematik" ergeben sich häufig Überschneidungen, da die Vermittlung des Gehalts vorwiegend durch Symbole erfolgt.

In Anbetracht des Symbolreichtums muß im folgenden darauf verzichtet werden, alle symbolischen Details inhaltlich zu erfassen. Methodisch sinnvoll erscheint es mir, zunächst Funktion und Struktur der Symbolik im *Homo faber* im allgemeinen zu behandeln und anschließend die wesentlichen Motivgruppen der Symbolik vom Inhalt her zu untersuchen. Singuläre Symbolmotive werden im Zusammenhang des Bereichs behandelt, dem sie von der Bedeutung her zugeordnet sind (z. B. „Uhren-Symbol" in 5.3.2).

3.2
Funktion und Struktur der Symbolik

3.2.1
Integrative Funktion der symbolischen Leitmotive

Durch die chaotische „Chronologie", die Auflösung der Handlung und den verwirrenden Wechsel der Schauplätze ist der innere Zusammenhalt des Romans gefährdet. Dieser zentrifugalen Tendenz wirkt das dichte Netz der Symbole entgegen, die ein assoziatives Beziehungsgefüge schaffen und diesem im Leserbewußtsein „in jedem Augenblick volle Präsenz verleihen" – wie es Thomas Mann für die „symbolisch anspielenden Formelwörter" des *Zauberbergs* formuliert hat (*Zauberberg,* Einführung, XI. Berlin, Frankfurt 1962, 5. Aufl.).

Dementsprechend treten die meisten Symbole in leitmotivischer Wiederholung auf. Dadurch gewinnt die Text-„Melodie" fortlaufend an assoziativen Ober- und Untertönen, die dem Roman seine außerordentliche atmosphärische Dichte verleihen. Außerdem fungiert die wichtigste dieser Symbolketten – die Krankheits- und Todessymbolik – als ein System von Vorausdeutungen, die sich in einer großen Klimax zum Ende hin immer stärker konkretisieren und in den Vordergrund treten. Die Klimax kommt in der Begegnung mit der symbolischen Personifikation des Todes in Prof. O. zu ihrem Höhepunkt.

Aber auch Ereignisse von geringerem Rang werden durch symbolische Vorausdeutungen angekündigt: Die Notlandung wird durch die Zeitungsnachricht auf der ersten Seite vorbereitet. Die Notlandung wiederum wirkt als Vorausdeutung auf das allgemeine Versagen der Faberschen Lebens-Technik.

3.2.2
Symbolstil als Konsequenz der Sprachauffassung Frischs

Im *Tagebuch 1946–49* äußert sich Frisch „Zur Schriftstellerei":
„Was wichtig ist: das Unsagbare, das Weiße zwischen den Worten, und immer reden diese Worte von den Nebensachen, die wir eigentlich nicht meinen. Unser Anliegen, das eigentliche, läßt sich bestenfalls umschreiben, und das heißt ganz wörtlich: man schreibt darum herum. Man umstellt es" (39). – Wenn das Eigentliche direkt nicht verbalisierbar ist, so stellt der Symbolstil eine von mehreren Möglichkeiten der indirekten Gestaltung dar.

Die Struktur der Symbolik ist in den einzelnen Werken verschieden: im *Stiller* herrschen breit angelegte epische Digressionen symbolischen Charakters vor (z. B. die Geschichten von Isidor Rip van Winkle, und die Höhlengeschichte). Im *Gantenbein* treten die symbolhaltigen „Geschichten" noch stärker in den Vordergrund. Sie ersetzen die fehlende Handlung des Romans. In den Dramen Frischs wirkt die Symbolik straffer und stärker in die Handlung integriert: Punktuelle Symbolhandlungen der Personen und Dingsymbole herrschen vor (z. B. Axt und Jacht im *Öderland,* Benzinfässer und Zündschnüre im *Biedermann,* Judenschau und Farbsymbolik in *Andorra).*

3.2.3
Rollenpsychologische Motivierung der Symbolik

Älteste menschliche Erkenntnisform ist das prälogische „Denken" in symbolischen Bildern. Sie beherrscht den archaischen Mythos. In der Schicht des Unbewußten spielen sich derartige Bild-Denkprozesse aber ebensogut bei dem modernen Menschen ab, nur nimmt er sie in der Regel nicht bewußt wahr. C. G. Jung hat auf die Bedeutung derartiger Symbole aufmerksam gemacht. Nach Jungs Auffassung besteht der Prozeß der menschlichen Selbstfindung wesentlich in der Traumproduktion symbolhaltiger Bilder und deren psychischer Verarbeitung. Man darf annehmen, daß Frisch, der Vorlesungen Jungs besucht hat, von dessen Vorstellungen beeinflußt worden ist. Viele Indizien in Frischs Werk sprechen dafür.

Frisch hat in Walter Faber die Gestalt eines modernen Positivisten geschaffen, der jede Form eines irrationalen Weltverständnisses ablehnt – daher seine Ironie gegenüber Hannas selbstverständlichem Verhältnis zum griechischen Mythos. Eben diesem Rationalisten drängt sich in der ihn umwuchernden Bilderwelt die konträre Form des Weltverständnisses auf. Rational nicht zur Kenntnis genommene Lebens- und Todeswahrheiten konkretisieren sich in subjektiv zwingenden Bildern. Die „weibliche" Seelenschicht, die vom Ich negiert wird, okkupiert durch Symbolprojektionen Fabers Wahrnehmungswelt. Wenn Faber schließlich sein eigenes Schicksal im Bild des antiken Mythos erfaßt (vgl. o. 2.5.3), wird damit der Zusammenbruch seines einseitigen Rationalismus offenkundig.

3.2.4
Symbolstruktur in „Homo faber"

Die Symbolstruktur des *Homo faber* läßt sich nicht eindeutig einer der oben genannten speziellen Ausprägungen zuordnen. Seine Symbolwelt weist inhaltlich die stärkste Verwandtschaft mit der des *Don Juan* auf (z. B. in der Spiegelsymbolik, der Bedeutung des Schachs, des Wassers, der Nacht, des Dschungels). Die Intensität der Symbolgestaltung übertrifft aber die des *Don Juan* bei weitem.

Von der epischen Symbolstruktur des *Stiller* und des *Gantenbein* unterscheidet sich die des *Homo faber* erheblich: im *Stiller*

33

und im *Gantenbein* sind die symbolträchtigen „Geschichten" Erfindungen des Ich-Erzählers, der seine „unsagbaren" Innen-Erfahrungen auf bildliche Art umschreiben will. Im *Homo faber* hingegen lebt der Held in einer ihn umgebenden und bedrängenden Symbolwelt. Die Symbole in *Stiller* und *Gantenbein* sind bewußte Fiktionen des Ich, die des *Homo faber* Projektionen des Unbewußten.

Die Strukturen und Dimensionen der verschiedenen Symbole im *Homo faber* sind ungewöhnlich vielfältig: Zahlreiche Symbolhandlungen wie Singen, Schaukeln, Zigarre-Rauchen (als Ausdruck der neugewonnenen Lebensbejahung 215–225 pass., [173–181]) bilden gewissermaßen einfache, nicht zusammengesetzte Elemente der Symbolik. Ihre Bedeutung ist z.T. in sich evident (z.B. „Singen"), z.T. ergibt sie sich aus dem Kontext (z.B. Zigarre-Rauchen), nur selten wird sie vom Erzähler ausdrücklich gedeutet (z.B. Rasieren). Über diese dichte Schicht einfacher Symbolelemente ragt eine Reihe von komplexen Symbolvorgängen und von Symbolgestalten heraus, die häufig zugleich als Vorausdeutungen auf existenzielle Ereignisse im Leben Fabers fungieren. Als Beispiel sei die Erweckung der „schlafenden Erinnye" durch Sabeth (137) [111] genannt. Dieser Symbolvorgang stellt eine unbestimmte Vorausdeutung auf den Inzest und seine Folgen dar. Joachim und Herbert Henckes Untergang im Dschungel variiert symbolisch das Thema „Sieg der Natur über den Techniker" und deutet zudem auf Fabers spätere Niederlage hin. Die Hencke-Handlung erinnert durch ihre relative epische Selbständigkeit und ihre Spiegelfunktion am ehesten an *Stiller*-Geschichten.

3.3
Inhaltliche Motivkreise der Symbolik

3.3.1
Symbole der technischen Selbstentfremdung

In vielen leitmotivisch wiederkehrenden symbolischen Zwangshandlungen drückt sich Fabers Feindschaftsverhältnis zur eigenen vegetativen Natur aus; hier sind vor allem hygienische Maßnahmen zu nennen: Rasieren, z.B. (10, 32, 37, 41, 76, 165, 187, 213, 214) [9/10, 27, 31, 34, 63, 134, 152, 170, 172], Waschen und

Duschen (46, 70, 76, 187) [38, 58, 63, 152]. Den Ersatz des Erlebnisses durch ein technisches Surrogat symbolisiert das Filmen (17, 27, 32, 48, 50, 66, 72, 83, 88, 104, 227, 231–238) [15, 23, 27, 40, 42, 55, 59, 68, 72, 85, 182, 185–191]. Mit dem Film-/Bildnis-Motiv korrespondiert das Blindheitsmotiv. Es drückt Fabers Unfähigkeit zu schauen aus: „Man kam sich wie ein Blinder vor" (8) [7], „dann komme ich mir wie ein Blinder vor" (136) [111], „Hanna findet es typisch für gewisse Männer, wie dieser Piper im Leben steht; stockblind ... Auch mich fand sie stockblind" (177) [144], „Wenn Hanna von meiner Mutter berichtet, kann ich nur zuhören. Wie ein Blinder" (229) [184]. Es zeigt sich (230) [184], daß Faber sogar weniger „sieht" als der blinde Armin. Über das Zusammensein mit diesem blinden „Seher" urteilt Hanna: „Es war einfach wunderbar, mit ihm durch die Welt zu gehen" (228) [183]. Ähnlich wohltuend wirkt Gantenbeins Blindheit auf alle Partner – allerdings aus anderen Gründen: Der blinde Gantenbein macht sich kein „Bildnis" vom Partner. Er erleichtert es diesem, aus seiner Alltagsrolle herauszutreten und dem Blinden gegenüber eine Wunsch-Rolle zu übernehmen, die der Scheinblinde natürlich besonders leicht durchschaut, weil niemand versucht, „offensichtliche" Unstimmigkeiten vor ihm zu verbergen.

Das Scheitern der technisch-„männlichen" Lebenskonzeption deuten vorab all die technischen Pannen symbolisch an (7, 24, 76, 150, 197, 208) [7, 20, 63, 122, 160, 167/168]. In diese Richtung weist auch der bildhafte Vergleich: „Plötzlich das Motorengeräusch! Ich stand gelähmt. Meine DC-4 nach Mexico-City, sie flog gerade über uns hinweg, dann Kurve aufs offene Meer hinaus, wo sie im heißen Himmel sich sozusagen auflöste wie in einer blauen Säure –" (42) [35].

Den Verlust der kurzschlüssigen Techniker-Identität zeigen zwei symbolische Vorfälle an: der Verlust des Wohnungsschlüssels und das mißlungene Telefonat mit sich selbst: „Ich klingelte an meiner eigenen Tür. Ich war ratlos. Alles offen: Office und Kino und Subway, bloß meine Wohnung nicht. Später auf ein Sightseeingboat, bloß um Zeit loszuwerden; die Wolkenkratzer wie Grabsteine..." (202/203) [162]. Das Telefonat macht noch sinnfälliger, daß Faber den Zugang zu sich selbst im Medium der Technik verloren hat. Fabers Fragen an den anonymen Sprecher in seiner Wohnung verraten seine Fassungslosigkeit: „Are you

Walter Faber?" (205) [164]. Seine Angst ist nicht vordergründig-realistisch, sondern existentiell begründet: „Eigentlich kann mir nichts geschehen, wenn ich antworte" (204) [163].

3.3.2
Symbolik der Selbstkonfrontation

Fabers Begegnung mit sich selbst kündigt sich im Blick in den Spiegel an (vgl. Henze: a.a.O., 281). Insgesamt gibt es im *Homo faber* drei Spiegelszenen (12, 120, 214) [11, 98, 170/171]. Die Un-ausweichlichkeit der Selbstkonfrontation und ihre irritierende Wirkung kommen besonders intensiv in folgenden Passagen zum Ausdruck: „Was mich irritierte, war lediglich der Spiegel gegen-über, Spiegel in Goldrahmen. Ich sah mich, so oft ich aufblickte, sozusagen als Ahnenbild: Walter Faber, wie er Salat ißt, in Gold-rahmen ... wohin ich auch blickte ... diese lächerlichen Spiegel, die mich insgesamt in achtfacher Ausfertigung zeigten" (120) [98]. Die Selbstentfremdung durch das fixierte Bildnis, die achtfache Repetition, die Unausweichlichkeit der Selbstkonfrontation „spiegeln" Fabers innere Situation.

Der Todesbezug ist im Spiegelbild immer mit gegenwärtig („scheußlich wie eine Leiche" – 12) [11], („als Ahnenbild" – 120) [98], am stärksten (213/14) [170]: „Die Diakonissin hat mir end-lich einen Spiegel gebracht – ich bin erschrocken. Ich bin immer hager gewesen, aber nicht so wie jetzt, nicht wie der alte Indio in Palenque, der uns die feuchte Grabkammer zeigte ..." (usw.)

Die „Enthüllung" der schrecklichen Lebenswahrheit symboli-siert (ähnlich wie im *Gantenbein* – dort in Verbindung mit der Spiegel- und Kleidersymbolik S. 14, 25, 29, 30) das Motiv der Nacktheit, welche zugleich die lange verleugnete Zugehörigkeit zum kreatürlichen Bereich betont. Das Nacktheitsmotiv taucht zum erstenmal in dem (17/18) [15/16] mitgeteilten Traum auf. Die Nacktheit ist mit einem starken Gefühl des Unbehagens ver-bunden und erscheint hier zusammen mit Krankheits- und To-dessymbolen (Zahnausfall, Prof. O.).

Bei Sabeths Unfall spielt Fabers Nacktheit eine entscheidende Rolle (192) [157]. Nicht der Schlangenbiß verursacht Sabeths Tod, sondern ihr Sturz, als sie vor dem nackten Vater-Geliebten zu-rückweicht. Die Frage, wie Sabeths Verhalten zu erklären ist, wird im Text völlig offen gehalten. Jeder realistische Erklärungsversuch erscheint trivial und unangemessen. Nur auf der Ebene der Symbolik ist eine Deutung möglich. Die Nacktheit im grellen Licht des griechischen Mittags symbolisiert Sabeths irrationale „Erkenntnis" der Verfehltheit ihres Verhältnisses zu Faber.

3.3.3
Symbolik der Lebenszuwendung

Fabers innere Wandlung beginnt damit, daß er dank Sabeths Vorbild „sehen" lernt. Vor allem lernt er nun, das Licht an sich wahrzunehmen. Mit Sabeth zusammen erlebt er den Sonnenaufgang nach der durchwachten Nacht auf Akrokorinth wie den ersten Schöpfungsmorgen (186/187) [150–152]. Im Erlebnis des letzten Fluges gewinnt das Licht ausgesprochen lebenssymbolische Bedeutung: „eine Spur im Firn, Menschenspur ... Wenn ich jetzt noch auf jenem Gipfel stehen würde, was tun? Zu spät, um abzusteigen, es dämmert schon in den Tälern, und Abendschatten strecken sich über ganze Gletscher ... Was tun? Wir fliegen vorbei; man sieht das Gipfelkreuz, weiß, es leuchtet, aber sehr einsam, ein Licht, das man als Bergsteiger niemals trifft, weil man vorher absteigen muß, Licht, das man mit dem Tode bezahlen müßte, aber sehr schön ..." (244) [196].

Besonders sinnfällig wird die subjektive Intensität dieser Licht-Bejahung durch den Kontrast zu früheren Erlebnissen, z.B. zur Finsternis beim ersten Start in New York oder zu dem „schleimigen", „filzigen" (206), „fauligen" (63) [52], „klebrigen" (63) [52], Licht der „gedunsenen" (64) [53] Sonne über dem Dschungel.

In der Habanaszene, in der auch das Licht (s.o. 2.6.1) eine wichtige Rolle spielt, äußert sich Fabers Lebenszuwendung in verschiedenen Symbolhandlungen: Singen, Pfeifen, Zigarre-Rauchen, Schaukeln (vgl.o. 2.6.1). Singen und Pfeifen sind Äußerungen eines Lebensgefühls, das vorher für Marcel und Sabeth charakteristisch war. Beide repräsentieren in ihrer Spontaneität das ungebrochene elementare Menschsein. Dies drückt sich auch in der Affinität der beiden Gestalten zum Kindsein aus: Marcel – „stundenlang sang er seine französischen Kinderlieder" (59) [49]; Sabeths Kindhaftigkeit wird wiederholt betont, z.B. (124, 135, 237) [101, 110, 190]. Wenn Faber den neunjährigen cubanischen Schuhputzer „liebt" (219) [175], wie er es ausdrückt, so zeigt sich auch bei ihm zum erstenmal eine Hinwendung zum Kind.

In der Habanaszene werden die beiden an Sabeth erinnernden Lebensmotive stark in den Vordergrund gerückt. Die Menschen auf Cuba haben, so wie es Faber erlebt, das gleiche spontane Verhältnis zum Leben wie Sabeth: „alles lachte" (215) [172]. Man „singt" (216) [173]. Diese Menschen verkörpern in ihrer tierhaften Schönheit geradezu das elementare Leben (221) [177].

3.3.4
Symbolische Vorausdeutungen auf Inzest und Tod

Die Entdeckung der „schlafenden Erinnye" (136/137) [111] hat symbolischen Charakter. Durch die Betonung „meine Entdeckung" drückt Faber seine persönliche Beziehung zum Gegenstand aus. Noch deutlicher wird das, wenn er – in einer bestimmten Position – die Erinnye „weckt" (vgl. Hillen: Reisemotive, a.a.O., 130). Zwar beeilt sich Faber, die persönliche Beziehung zu bagatellisieren – „oder sonst jemand" –, aber durch das Dementi wird die Symbolik erst recht spürbar. Nicht zufällig weckt er die Erinnye in dem Moment, als er dem Bild der Venus gegenübersteht. Unübersehbar sind zudem die Parallelen zwischen der schlafenden Erinnye und der schlafenden Sabeth am Strand von Theodohori („ein Mädchenkopf, daß man drauf blickt wie auf das Gesicht einer schlafenden Frau, wenn man sich auf die Ellbogen stützt" (136) [111]).

Auf Fabers Krankheit und Tod weisen immer wieder symbolische Vorausdeutungen hin, deren Deutlichkeit sich allmählich steigert. Die Reihe wird eröffnet mit dem Ohnmachtsanfall in Houston (12/13) [11]. Der Traum vom Zahnausfall (18) [16] deutet darauf hin, in etwa auch die Ohnmacht bei der Notlandung. Im Dschungel erinnern die Zopilotes am toten Esel an den Tod, stärker noch beeindruckt die Eingeweidesymbolik der sinkenden Sonne: … „während die Sonne bereits in den Tabak sank, – wie gedunsen, im Dunst wie eine Blase voll Blut, widerlich, wie eine Niere oder so etwas" (64) [53]. Daran schließt sich die Entdeckung des toten Freundes an.

In diesen Zusammenhang gehören z.B. die hintergründigen Begleitumstände des Zwischenaufenthalts in Houston: „Passenger Faber … this is our last call … We're late, Mr. Faber" (16) [14] wie auch das offensichtlich falsche Dementi: „There is no danger at all" (18). Näheres s. 3.3.3.

Das Bild der Zopilote und des erhängten Freundes verfolgen Faber noch während der Schiffahrt. Auf der Italienreise tritt die Todessymbolik zurück, ohne allerdings völlig zu verschwinden („unser Grabmal an der Via Appia" 140, 186, [114, 151]). Fabers Niederlage gegenüber der Natur kündigt sich in dem Schicksal der Gebrüder Hencke an. Joachim begeht im Dschungel – äußerlich unmotiviert – Selbstmord. Herbert kapituliert vor der Dschungelnatur und gibt sich passiv dem Verfall preis. Er läßt seinen Nash, die einzige Verbindung zur Zivilisation, vermodern, er läßt seinen Bart wachsen – auch Joachim hatte einen Bart, als Faber ihn auffand. Herberts Brille ist zerbrochen; er flickt sie nicht. Herbert erscheint in seiner lethargischen Passivität Faber „wie ein Indio!" (209) [168].

Den Höhepunkt in der Reihe der Todessymbole bildet die Erscheinung des Professors O. Professor O. war früher Fabers Vorbild – ein durch und durch rationalistisch eingestellter Mathematiker –, und nun erscheint er als Fabers Spiegelbild. Beide leiden an der gleichen Krankheit. Das Auftreten des Professors O. hat für Faber etwas Unwirkliches. Prof. O. pflegte nie zu reisen – nun hält er Faber plötzlich in Paris an. Prof. O. scheint mehr über Faber zu wissen als dieser selbst – beispielsweise, daß er Sabeths Vater ist. Vor allem entsetzt Faber Prof. O.'s Sicherheit, „daß wir uns ein andermal sehen" (127) [104]. Tatsächlich begegnen sie sich bald wieder. Auch diesmal erkennt Faber ihn zunächst nicht: „Sein Gesicht ist kein Gesicht mehr ... Sein Lachen ist gräßlich geworden ... Dabei lacht er nämlich gar nicht, so wenig wie ein Totenschädel" (126) [103].

Das Nichtmehr-Menschliche wird unterstrichen durch die Namenskürzung. Auch sein Name ist kein Name mehr. Alle anderen Personen werden mit Vor- oder vollem Familiennamen benannt. Die Abkürzung „O." hingegen (auch als Zahlzeichen „0" lesbar) wirkt rätselhaft und gesichtslos. Der Eindruck wird dadurch verstärkt, daß das zweite Auftreten von Prof. O. nach der Mitteilung von seinem Tod erfolgt, was zunächst schockierend wirkt und Fabers Gefühl bestätigt, er spreche mit einem „Totenschädel". Erst nachträglich wird dem Leser – nach einem Blick auf die Datumsangabe – bewußt, daß sich das mysteriöse Auftauchen des Prof. O. an dieser Stelle durch die Abweichung der Erzählfolge von der Chronologie vordergründig erklären läßt.

3.4
Parabelstruktur und Symbolik

Der *Homo faber* wird mitunter als „Parabel" apostrophiert. Damit soll ausgedrückt werden, daß das Romangeschehen insgesamt als belehrendes Gleichnis aufzufassen sei, das eine abstrakte, allgemeingültige Idee durch konkrete Gestaltung veranschaulichen solle. In der Tat läßt die anthropologische Typusbezeichnung als Romantitel eine Parabel erwarten. In den eingelagerten Kommentaren Marcels und Hannas (60/61) [50] und (211/212) [169/170], die Walter Faber als Typus des *Homo faber* erscheinen lassen, findet diese Auffassung eine Stütze. Allerdings wird man zugeben müssen, daß dem „Bericht" trotz der Einsträngigkeit der Handlung jene schlanke, klare und übersichtliche Form abgeht, die für die Parabel charakteristisch ist. Außerdem erscheint dem, der den *Homo faber* nur als Parabel auffaßt, der offene Schluß unbefriedigend (vgl. 2.6.2).

Im übrigen wird durch den Untertitel „Ein Bericht", der Fabers eigener Intention zuzuschreiben ist (während der vom fiktiven Herausgeber des Faberschen Nachlasses gewählte Titel *Homo faber* einen angeblichen Ausspruch Hannas aufnimmt), der dokumentarisch-individuelle Charakter des Falles „Faber" betont. Dem entspricht die minuziös ausgearbeitete Ich-Perspektive der Erzählhaltung, die psychologisch äußerst realistisch und überzeugend wirkt.

Die Art der Symbolik verstärkt diesen Eindruck. Man kennt in der Literatur artifizielle, nur aus dem singulären fiktionalen Kontext zu entschlüsselnde Symbole – wie die Orange in Mörikes Novelle *Mozart auf der Reise nach Prag* –, die ihren „künstlichen" Ursprung aus dem Gestaltungswillen des Erzählers deutlich zu erkennen geben. Andere „Symbole" haben den Charakter eines Zeichens mit verabredeter Bedeutung – z. B. Kreuz und Fahne oder andere sakrale und politische Zeichen. In der Literaturwissenschaft werden diese „verabredeten Zeichen" auch als „Embleme" bezeichnet. Ihnen steht die „Allegorie" nahe, die einen abstrakten Gedanken konkret veranschaulichen soll.

Wäre der *Homo faber* primär als Parabel zu verstehen, so sollte man annehmen, daß seine „Symbole" künstlich, gewollt, lehrhaft und allegorisch wirken müßten. Das trifft (mit Ausnahme der Namenssymbolik) auf die Symbolik des *Homo faber* nicht zu. Die symbolische Bilderwelt des *Homo faber* erscheint vielmehr als Realität mit Bedeutungsüberschuß und entspricht damit der in der Literaturwissenschaft seit Goethe vorherrschenden Definition von Symbolik im strikten Sinne, derzufolge das Symbol im Konkreten eine darüber hinausweisende allgemeinere Bedeutung aufscheinen läßt.

Die Symbolik des *Homo faber* ist eine quasi „natürliche" Symbolik. Sie ist z. T. ohne Determination durch den speziellen Kontext in ihrer Bedeutung zu entziffern. Aasgeier als Todesandeutung, Waschzwang als Ausdruck der Leibfeindlichkeit usw. Auch wo ihre Bedeutung kontextabhängig ist, erscheint die Symbolik psychologisch echt – als Projektion des von Faber negierten Unbewußten (vgl. 3.2.3). Dazu paßt auch die fast chaotische Vielfalt der Symbolik, die weniger an bewußte artifizielle Gestaltung und Planung als an Wachstum und Wucherung denken läßt.

So kann man denn wohl sagen, daß der *Homo faber* einerseits parabelhafte Züge aufweist, andererseits aber auch den Charakter eines (fiktionalen) Psychogramms hat.

4
Kommunikationsstruktur und Sprache

4.1
Polarität als stilistischer Grundzug

In der bisherigen Sekundärliteratur dominiert die Auffassung, die Sprache des *Homo faber* sei vom Autor bewußt kunstlos (vgl. Geißler) oder grammatisch und semantisch fehlerhaft konzipiert (Stäuble, Bänziger u. a.). Dadurch solle die innere Leere des Faber-Typus sprachlich decouvriert werden. In Wirklichkeit ist die Sprachstruktur des *Homo faber* außerordentlich komplex. Ihre stilistischen Hauptmerkmale sind Polarität und Ambivalenz der sprachlichen Einzelzüge. Dieser Sprachstil entspricht dem Grundzug der Faberschen Persönlichkeit.

Frisch selbst bestätigt diese Auffassung indirekt. Er spricht einerseits von der bewußt gepflegten „Sprachverrottung" des *Homo faber* (nach W. Schenker: Mundart und Schriftsprache. Zit. n.: Über Max Frisch II, ed. suhrkamp 404, 296) und andererseits von Fabers „Sprachunbeholfenheit, die manchmal so weit getrieben wird, daß er bis in die Gegend der Poesie kommt, weil er nämlich das literarische Klischee nicht hat, so daß er dann plötzlich zu Abbreviaturen kommen kann, an denen wir verhindert sind durch Sprachbewußtsein" (*Der Schriftsteller und sein Verhältnis zur Sprache.* Bern, München 1971, 80).

Die sprachliche Polarität präsentiert sich dabei nicht etwa als kontinuierlicher sprachlicher Entwicklungsprozeß vom Jargon zur Lyrik, sondern eher als ein komplexes Ineinander. Allerdings überwiegen die quasi-lyrischen Passagen der zweiten Station gegenüber denen der ersten. Insofern kann man von einer – allerdings diskontinuierlichen – Entwicklung sprechen.

4.2
Kommunikationsstruktur und Stil

4.2.1
Die Ich-Form: Fiktion der Authentizität

Die Sprache des *Homo faber* muß zunächst einmal aus der (fiktiven) Kommunikationssituation heraus verstanden werden.

Grundhaltung ist die des „Berichts", so daß man auf den *Homo faber* strenggenommen die literaturwissenschaftlichen Termini „Erzähler" und „Erzählhaltung" nicht anwenden dürfte. Das „Ich", das hier von sich selbst berichtet, ist nicht identisch mit dem des Autors, obwohl manche Leser im *Homo faber* erhebliche autobiographische Züge entdeckt zu haben glauben. In *Montauk* äußert sich Frisch selbst zu dem biographischen Anteil des *Homo faber:* „Die jüdische Braut aus Berlin (zur Hitler-Zeit) heißt nicht Hanna, sondern Käte, und sie gleichen sich überhaupt nicht, das Mädchen in meiner Lebensgeschichte und die Figur in einem Roman, den er geschrieben hat. Gemeinsam haben sie nur die historische Situation, und in dieser Situation einen jungen Mann, der später über sein Verhalten nicht ins klare kommt; der Rest ist Kunst, Kunst der Diskretion sich selbst gegenüber ..." (*Montauk* 166/167). – Immerhin stimmen Lebensgeschichte und Roman auch in einem zentralen Motiv überein: „Sie möchte ein Kind, und das erschreckt mich; ich bin zu unfertig dazu, als Schreiber gescheitert und am Anfang einer anderen Berufslehre ... Dann bin ich bereit zu heiraten, damit sie in der Schweiz bleiben kann, und wir gehen ins Stadthaus Zürich, Zivilstandesamt, aber sie merkt es, das ist nicht Liebe, die Kinder will, und das lehnt sie ab, nein, das nicht" (*Montauk,* 167).

Bemerkenswert erscheint, daß Frisch diese eindeutig biographischen Ingredienzien lediglich in den stark gerafften Rückblenden verarbeitet hat, die ohne spürbare künstlerische Strukturierung nur zur Mitteilung der Vorgeschichte in die Romanhandlung eingefügt sind.

Andererseits müssen gewisse „Erfahrungen", die dem eindeutig fiktionalen Bereich dieses Romans zugeordnet sind, dem Menschen Frisch über Jahrzehnte hinweg gültig erschienen sein. So zitiert Frisch in *Montauk* Fabers Verfügung für den Todesfall wörtlich, ohne anzugeben, woher dieses Zitat stammt, und kommentiert es lapidar: „Leben im Zitat." (*Montauk,* 103)

Insgesamt ergibt sich aus dem Vergleich mit dem *Tagebuch 1946–49,* der Amerika-Kritik im *Stiller* und dem Nachwort zu *Don Juan,* daß erst der gewandelte Walter Faber eine gewisse innere Verwandtschaft mit dem Autor Frisch aufweist.

Es fragt sich, warum Frisch in einem Werk, dessen biographische Relevanz er später ausdrücklich als gering bewertet, so kon-

43

sequent wie in keinem anderen Werk Authentizität fingiert – während er in dem folgenden Roman, dem *Gantenbein*, der für die innere Geschichte des Verfassers sicher nicht weniger relevant ist, schon im Konjunktiv des Titels das „Ich" als Rolle kennzeichnet.

Man könnte annehmen, daß extreme Erzählhaltungen den Schriftsteller zur künstlerischen Gestaltung gereizt haben. Allerdings hätte man erwarten können, daß Frisch eine so extrem unwahrscheinliche Fabel wie die des Faber-Romans auch betont fiktional gestaltet hätte (wie etwa den *Gantenbein*). Vielleicht aber liegt für den Schriftsteller gerade darin eine Herausforderung an seine Erzählkunst, das Unwahrscheinliche, die äußerste Form des „Möglichen" als überzeugende „Wirklichkeit" zu gestalten. Die Ich-Form ermöglicht es dem Autor, die Ebene der äußeren Handlung gegenüber der des psychischen Prozesses zurücktreten zu lassen und so die der Fabel immanente Tendenz zum trivialen Kitschroman aufzuheben.

4.2.2
Das diaristische Element im „Homo faber"

Das Tagebuch nimmt im Schaffen Frischs einen hervorragenden Platz ein; man denke an *Tagebuch I und II, Dienstbüchlein I und II* und *Montauk*! *Stiller* und *Homer faber* haben zwar keine ausgesprochene Tagebuchform, aber in Anlage und Sprache stark diaristisches Gepräge.

Der „Bericht" Fabers gliedert sich in zwei „Stationen". Der 1. Berichtsteil ist (laut Fiktion) in der Zeit vom 21.6.–8.7.1957 verfaßt worden. Er ist während des krankheitsbedingten Hotelaufenthalts in Caracas entstanden und hat den Erlebniszeitraum vom 1.4.1957–4.6.1957 (Sabeths Todestag) zum Gegenstand. Eingelagert sind summarische Nachholberichte, die sich im wesentlichen auf die Zeit des Zusammenlebens mit Hanna in den dreißiger Jahren beziehen. Das bedeutet: Zwischen der Ebene der erzählten Zeit und derjenigen der Erzählzeit besteht ein gewisser Abstand von ca. zweieinhalb Monaten zu Beginn des Berichts, der sich bis auf etwa einen Monat am Ende der 1. Station verringert.

Die Aufzeichnungen der 2. Station sind im Athener Krankenhaus entstanden, und zwar in der Zeit vom 19.8.1957 (dem letzten exakt genannten Datum) bis hin zum Operationstag (und ver-

mutlichen Todestag) irgendwann gegen Ende August 1957 (vgl.
247) [198]. Sie gliedern sich alternierend in angeblich handschrift-
liche Aufzeichnungen (in Kursivdruck) und maschinenschriftli-
che. Letztere beziehen sich auf den Erlebniszeitraum vom 8.6. bis
16.7.1957 (Landung in Athen), d.h. sie schließen die letzten beiden Wochen vor Beginn der 1.Aufzeichnungsphase in Caracas
noch ein. Die „handschriftlichen" Passagen – motiviert durch
mittägliches Tippverbot im Krankenhaus – beziehen sich vorwiegend auf die Erzählergegenwart und enthalten ganz am Schluß
Hannas Lebensgeschichte als kurzes Resümee.

Insgesamt gesehen sind die Hauptebenen der erzählten Zeit
(1.Station: 1.4.–4.6. und 2.Station: 8.6.–16.7.) nicht kontinuier-
lich behandelt worden, sondern in einzelne Zeitplateaus aufge-
spalten, zwischen denen z.T. mehrere Wochen umfassende Zeit-
lücken klaffen. Von der Normalform des Tagebuchs weicht die
äußere Struktur des „Homo faber" in drei Punkten ab: a) Es werden weniger zahlreiche, aber jeweils umfangreichere Eintragungen vorgenommen. b) Die Eintragungen beziehen sich vorwiegend auf Vorgänge, die schon einige Wochen oder Monate zu-
rückliegen. c) Die zeitlichen Beziehungen zwischen Erzählzeit
und erzählter Zeit sind verwirrend vielfältig und verschiedenartig,
während im echten Tagebuch eine einschichtige Zeitbeziehung
vorherrscht.

Durch diese Abweichung vom Durchschnittstagebuch erhält
der Autor einen größeren Spielraum für vielschichtige Hand-
lungs- und Zeitgestaltung. Der Tagebuchstil geht über in einen
Erinnerungsstil, der weniger von faktischer Aktualität als von
subjektiver Assoziation bestimmt ist.

Gemeinsam mit dem echten Tagebuch sind diesem Erinne-
rungsbericht gewisse Stilmerkmale: Alles was nach ästhetischer
Gestaltung und Überformung des Erlebnisses aussehen könnte,
wird vom Autor vermieden. Vor allem in der Wortwahl umgeht
Frisch konsequent (mit wenigen wohlberechneten Ausnahmen)
poetisches Vokabular. Faber bedient sich durchweg eines ungefil-
terten Alltagswortschatzes. Allerdings werden unter der Hand de-
notativ-nüchtern wirkende Wortbedeutungen im Verlauf des Berichts konnotativ aufgeladen (vgl. 3.3.3).

Die Syntax unterliegt weitgehend der in den meisten Tagebü-
chern zu beobachtenden Verkürzung. Die überwiegende Mehr-

zahl der in der Sekundärliteratur von Bänziger bis Henze vermerkten und als Ausdruck Faberscher Sprachohnmacht gewerteten syntaktischen „Fehler" erklären sich aus allgemein üblichen Tagebuchgepflogenheiten (Ausfall eines sinnschwachen „ist"-Prädikats im Hauptsatz, elliptische Gliedsätze, insbesondere Kausalsätze usw.). Dergleichen findet sich auch in einigen Reisetagebüchern Goethes; eine spezielle Sprache des intellektuellen „Pfuschers", wie Bänziger meint (a.a.O., 92), ist das nicht. Allenfalls kann man sagen, daß die Nähe zur gesprochenen Sprache (in Wortschatz und Syntax des Tagebuchstils) einer modernen Allgemeinentwicklung entspricht. Frisch erklärt diesen Trend der modernen Literatur selbst so: „Warum dies? Es wird eben heute wenig geschrieben, banal gesagt, es wird telephoniert und nicht ein Brief geschrieben; wir leben heute viel mehr im Sprechen durch gewisse Mittel wie Telephon und Radio." *(Der Schriftsteller und sein Verhältnis zur Sprache,* 73). Es wäre inkonsequent, Walter Faber als Repräsentanten des modernen Menschentypus in wohlgesetzten Perioden schreiben zu lassen. Außerdem würde dadurch dem „Bericht" der sprachliche Habitus des authentischen Psychogramms genommen, der den Hauptreiz der Faberschen Selbstdarstellung ausmacht.

4.2.3
Komplexität des Satzbaus

Eine detaillierte Analyse des Satzbaus, der ja auch als Subphänomen der allgemeinen Zeitstruktur eines Textes interpretiert werden kann, wird im Zusammenhang des 5. Kapitels vorgenommen. Hier sei nur ein Aspekt, die Komplexität des Satzbaus, herausgegriffen: Charakteristisch für den Stil des *Homo faber* ist der unregelmäßige Wechsel von adverbial- und attributfreien Kurzsätzen, satzlosen Gebilden (hauptsächlich mit übergeordneten Nominalfügungen) und komplexen Langsätzen. Letztere können durchaus nicht immer im Sinne der herkömmlichen Syntax als „Satz" gelten. Wenn wir trotzdem von „Sätzen" sprechen, meinen wir hier solche syntaktischen Gebilde, die der Autor durch seine Interpunktion als Einheiten gekennzeichnet hat. Als repräsentatives Beispiel sei der 4. Satz des „Berichts" genannt: „Wir warteten …" bis … „geschnallt hatte" (7) [7]. Diesem fünfzehnzeiligen syntaktischen Konglomerat ist nicht einmal mit den Begriffen Hypotaxe oder Parataxe beizukommen. Es enthält 4 Hauptsätze im herkömmlichen Sinne. Die beiden ersten sind mit „und" verbunden, die beiden letzten asyndetisch eingebaut. Diese beiden ‚Hauptsätze' erscheinen parenthesenartig in eine Gliedsatzkette eingeschoben. Sie kommentieren und wiederholen lediglich den Inhalt des vorhergehenden Relativsatzes: „... der mir sogleich auffiel, ich weiß nicht wieso, er fiel auf, wenn er den Mantel auszog ..." Syntaktisch und vom denotativen Sinn her sind sie entbehrlich. Von der Aussagelogik her sind also diese Hauptsätze dem Attributsatz nachgeordnet!

Aber auch im Bereich der beiden längeren Hauptsätze im ersten Teil des Konglomerats herrschen keine klaren grammatischen Verhältnisse. Zwar ist von dem 2. Hauptsatz, formal betrachtet, eine ganze Kette von Attributsätzen abhängig, aber durch seine inversive Stellung nach zwei Gliedsätzen („was mich nervös machte, so daß ich nicht gleich schlief") und durch das inhaltsschwache Verbglied „war", wirkt er inhaltlich durchaus nicht „übergeordnet". Vor allem aber durchbrechen eingeblendete Nominalfügungen die herkömmliche Syntax, in welcher der Satz ja im wesentlichen vom Verb her organisiert ist. Diese ungrammatischen Elemente enthalten bezeichnenderweise inhaltlich direkte Sinneswahrnehmungen („Schnee vor den Scheinwerfern, Pulverschnee, Wirbel über der Piste" – und die Zeitungsschlagzeile „First Pictures Of World's Greatest Air Crash In Nevada"). Syntaktisch ebenfalls nur sehr locker eingebunden sind die für Frischs Stil allgemein charakteristischen attributiven und adverbiellen Nachträge. Hier ist beispielsweise das Nomen „ein Blonder", das man am ehesten noch als Apposition zu „er" ansprechen könnte, derart weit von dem Beziehungswort getrennt, daß man es ohne weiteres auch als satzloses Nominalelement auffassen dürfte.

Insgesamt betrachtet wirkt Fabers Satzbau keineswegs rational konstruiert, wie das von einem Rationalisten zu erwarten wäre, sondern grammatisch ungeordnet bis zur totalen Desorientierung. Dieser Satzbau orientiert sich nicht an syntaktischen Normen, vielmehr bestimmen irrationale Assoziationen und Impressionen die sprachliche Fügung.

Fabers Unfähigkeit, seine Impressionen und Assoziationen sprachlich zu „organisieren" steht in ironischem Widerspruch zu der von ihm prätendierten technoiden Welt- und Sprachordnung. Die Feststellung Hannas: „Du behandelst das Leben nicht als Gestalt, sondern als bloße Addition" (212) [170] trifft mutatis mutandis auch auf Fabers Sprache zu: Faber „gestaltet" seine Mitteilungen nicht, sondern „addiert" sie zu amorphen Konglomeraten.

4.2.4
Die Kommunikationsstörung

Wie sein Vorläufer Don Juan ist Faber ein „Mensch ohne Du". Im Verlauf des Berichts wird gezeigt, wie er aus dieser menschlichen Isolation aufgestört wird und die ersten unzureichenden Schritte auf dem Weg zum „Du" versucht, ohne das Ziel zu erreichen. Die Tatsache, daß Faber überhaupt einen Lebensbericht verfaßt, ist schon als Ausdruck des Bedürfnisses zu werten, zu irgendeinem Adressaten in kommunikative Beziehung zu treten. Bezeichnenderweise beginnt Faber mit den Aufzeichnungen in einer Situation der äußersten Isolation (während des dreiwöchigen erzwungenen Aufenthalts in Caracas). Kurz zuvor ist Sabeth gestorben; Faber versucht, mit Hanna in schriftliche Kommunikation zu treten, aber er erhält keinen Brief von Hanna. Sein Telegramm an Hanna bleibt ohne Antwort (212) [170]. Er selbst schreibt mehrere Briefe an Hanna, d.h. er „beginnt" (220) [176] sie nur; offenbar bringt er sie nicht zu Ende und schickt sie nicht ab.

Fabers äußere Kommunikationsschwierigkeiten können als Ausdruck seiner inneren Isolation angesehen werden. Das Fehlen eines Adressaten hat seine Parallele im Verlust des Appartementschlüssels und in dem vergeblichen Telefonat mit sich selbst. Das „Du" ist so unerreichbar wie das „Selbst". In dieser Lage fühlt sich Faber zum Schreiben gezwungen („etwas mußte ich in diesem Hotel ja tun!" (212) [170]).

Fabers innere Beziehungslosigkeit spiegelt sich einerseits in der eigentümlich asyndetischen Satzfügung (vgl. u. 5.3) und andererseits in der vorherrschenden Struktur der Dialoge: Im *Homo faber* spielt der Dialog, rein quantitativ betrachtet, eine untergeordnete Rolle. Die meisten Dialoge bestehen allenfalls aus kurzen Wortwechseln. In den wenigen Dialogpartien, die sich über mehrere Seiten hinziehen, werden die einzelnen Äußerungen der Partner durch erzählende Einschübe unterbrochen, die den Anteil der direkten Rede im Umfang übertreffen. Auch Teile des Gesprächs selbst werden stark gerafft in indirekter Rede wiedergegeben oder vom Erzähler in episierter Form referiert. Das umfangreichste Beispiel für diese Mischform des Dialogs ist das Gespräch mit Hanna, das sich über mehr als zehn Seiten erstreckt (139–150) [113–122].

Aus dem Inhalt der direkten Rede ist alles Wesentliche ausgeklammert, so daß es scheint, als ob direkte Kommunikation nur über Banalitäten möglich sei.

Eine besonders für den *Homo faber* charakteristische Form der Kommunikation stellt der „einseitige Dialog" dar, z. B.:

„‚Tampico‘, sagte ich, ‚das ist die dreckigste Stadt der Welt. Ölhafen, Sie werden sehen, entweder stinkts nach Öl oder nach Fisch –‘ Er fingerte an seiner Schwimmweste.

‚Ich rate Ihnen wirklich‘, sagte ich, ‚essen Sie keinen Fisch, mein Herr, unter keinen Umständen –‘
Er versuchte zu lächeln.

‚Die Einheimischen sind natürlich immun‘, sagte ich, ‚aber unsereiner –‘
Er nickte, ohne zuzuhören." (19) [16/17]

Eine ähnlich einseitige Unterhaltung, bei der der eine Partner zwar immerhin zuhört, aber nicht spricht, entsteht zwischen Hanna und Faber (162/163) [132/133]. Innerhalb dieser Passage gibt es insgesamt fünf kurze direkte Äußerungen Hannas, zweimal handelt es sich dabei um Fragen, aber statt einer Antwort Fabers folgen jeweils kurze epische Einschübe (– ähnlich 169, 179, 180, 181, [138/139, 145/146, 147, 148]). Hanna hat meist einseitig das Wort. So gut wie nie gehen die Partner aktiv aufeinander ein. Symptomatisch dafür ist Fabers Ausspruch: „Unser Taxigespräch: lauter Fragen, keine Antworten." (161) [131]

Schon in dem Dialog Faber–Hencke (30–38) [25–32] reden die Partner regelmäßig aneinander vorbei:

(Faber): „‚Lebt sie eigentlich noch?‘
‚Wer?‘ fragt er –
‚Hanna, seine Frau‘ –
‚Ach so‘, sagte er und überlegte, wie er meine Gambit-Eröffnung abwehren sollte …" (38) [32].

Eine besondere Variante der Kommunikationsstörung stellt das Gespräch Fabers mit Sabeth (143–145) [116–118] dar; sie besteht in einem alternierenden Mißverstehen ein und derselben Information durch beide Partner.

Kommunikationsstörungen im Dialog, bzw. einseitiger Dialog sind für viele Dramen Frischs charakteristisch, am deutlichsten etwa im 1. Bild des *Öderland* oder im 6. Bild von *Andorra*. Aber auch im *Stiller* fehlen derartige Dialoge nicht. Von hier aus läßt sich eine gedankliche Verbindungslinie zur allgemeinen Sprachskepsis Frischs ziehen, wie er sie z. B. im *Tagebuch 1946–1949* (bezogen auf das Stück *Als der Krieg zu Ende war*) zum Ausdruck bringt: „Überwindung des Vorurteils, die einzig mögliche Überwindung in der Liebe, die sich kein Bildnis macht. In diesem besonderen Fall: erleichtert durch das Fehlen einer Sprache. Es wäre kaum möglich gewesen, wenn sie sich sprachlich hätten begegnen können und müssen. Sprache als Gefäß des Vorurteils! Sie, die uns verbinden könnte, ist zum Gegenteil geworden… Das ungeheure Paradoxon, daß man sich ohne Sprache näherkommt." (Tgb. I, 211)

Die regelmäßige Unterbrechung der Dialoge durch erzählende Partien (anstatt einer reaktiven Gegenäußerung des Dialogpartners) hat im *Homo faber* dreierlei Funktion: Einmal wird so verhindert, daß der Dialog sich zur dramatischen Szene verselbständigt. Eine solche szenische Direktheit wäre der subjektiven Erzählhaltung des *Homo faber* nicht angemessen; sie würde die Erinnerungsperspektive zu sehr durchbrechen. Zum andern entspricht sie der allgemeinen Diskontinuitäts-Tendenz: Ebensowenig wie in der Handlungs- und Zeitstruktur gibt es im Gespräch einen Ablauf, die gleichen Stockungen und Sprünge beherrschen die Dialogstruktur. Pausen werden fühlbar, oft wird mehr geschwiegen als gesprochen. Häufig fehlt ein deutlicher Gesprächsabschluß. So endet das erste Gespräch Fabers mit Hanna in einer Frage: „Seit wann trägst du eine Brille?" (156) [127]. Der offene Gesprächsschluß wird in der Interpunktion z. T. dadurch gekennzeichnet, daß an Stelle eines Satzschlußzeichens ein Gedankenstrich gesetzt wird. Die wichtigste Funktion dieser Dialogstruktur ist es aber, die Unmöglichkeit der wechselseitigen Kommunikation und Fabers menschliche Isolation sinnfällig zu machen.

Daß sich bei Walter Faber – zu spät – eine innere Wandlung anbahnt, zeigen seine Kommunikationsversuche in Habana (s. o. 2.6.1). Allerdings führt sein Verständigungsversuch mit Juana infolge der sprachlichen Mißverständnisse ins Groteske (224) [179/180]. Faber spürt das selbst: „Mein Spanisch reicht für berufliche Verhandlungen, die Komik: ich sage nicht, was ich will, sondern was die Sprache will... Ich bin das Opfer meines kleinen Wortschatzes." (223) [179] Fabers unerfüllbares Kommunikationsbestreben äußert sich mit eindringlicher Deutlichkeit in seinem Gespräch mit dem selbstgeschaffenen Phantom: „Ich zeichne eine Frau in den heißen Sand und lege mich in diese Frau, die nichts als Sand ist, und spreche laut zu ihr." (221) [177]

4.3
Sprachliche Mechanismen der Gefühlsabwehr

4.3.1
Zynismus

Als negatives Charakteristikum der Sprache Fabers haben die meisten Interpreten ihre „Schnoddrigkeit", ihren „Zynismus" u.ä. hervorgehoben. Damit schließen sie sich Sabeths Beurteilung an: „Noch immer fand sie mich zynisch, glaube ich, sogar schnoddrig... und ironisch, was sie nicht vertrug." (133) [108] Ironie und Zynismus legt Faber auch in seinem „Bericht" häufig an den Tag – allerdings mit nachlassender Häufigkeit; in der „2. Station" ist kaum noch etwas davon zu verspüren. Fabers Zynismus ist gegen alles Irrationale gerichtet (wie Sabeth es ausdrückt: „gegenüber dem Leben ganz allgemein" – 132, [108]). Besonders Marcel, der „Künstler", wird Gegenstand aggressiver Äußerungen: „Unser Ruinenfreund schwatzte viel ... Künstler, die sich für höhere oder tiefere Wesen halten, bloß weil sie nicht wissen, was Elektrizität ist." (47) [39]

Ablehnung der Abtreibung erscheint Faber als irrational: „Der liebe Gott! Er machte es mit Seuchen; wir haben ihm die Seuchen aus der Hand genommen. Folge davon: Wir müssen ihm auch die Fortpflanzung aus der Hand nehmen." (130) [106]

In all diesen Fällen zeigt das Ausmaß der aufgewendeten Aggressivität eine entsprechend starke geheime emotionale Betroffenheit an. Das erkennt man besonders an direkten Affektreaktionen. So löst etwa die Notlandung in der Wüste elementare Angstgefühle aus, die Faber nachträglich zu überspielen sucht. Nachdem Faber mit fast poetischen Worten das Schockerlebnis als „blinden Schlag … Sturz vornüber in die Bewußtlosigkeit" (24) [20] wiedergegeben hat, reagiert er seine Betroffenheit in dem schnoddrigen Kommentar ab: „Wir hatten ein Affenschwein, kann ich nur sagen." (24) [21] Auf ähnliche Weise versucht er das Erlebnis der nächtlichen Wüste zu annullieren (28/29) [24/25].

4.3.2
Funktion der sprachlichen Banalität

In Anbetracht des extrem unalltäglichen Schicksals der Hauptperson wundert es den Leser, daß der Beschreibung oder zumindest Erwähnung von Banalitäten ein solch breiter Raum gegeben wird, und das z.T. an exponierter Stelle. So hat z.B. Faber nach seinem ersten Ohnmachtsanfall den irrationalen Entschluß gefaßt, nicht nach Caracas zu fliegen: „Ich rutschte mich auf einen Hocker, zündete mir eine Zigarette an und schaute zu, wie der Barmann die übliche Olive ins kalte Glas wirft …" usw. (14) [12]. Die außerordentlich wichtige Aussprache mit Hanna verläuft nach folgendem Muster:

„‚Du liebst sie?' fragt sie.
Ich trank meinen Kaffee.
‚Seit wann hast du gewußt', fragt sie, ‚daß ich ihre Mutter bin?'
Ich trank meinen Kaffee." (179) [145/146]

In diesem und in vielen ähnlichen Fällen flüchtet Faber vor dem Außerordentlichen und existentiell Wesentlichen in die vertraute Vordergrund-Realität der banalen Mechanismen, – Rituale des Essens, Trinkens, Rauchens und technischer Alltagsvorgänge.

Durch den Kontext und die Konsituation macht der Autor die Unangemessenheit und Aussichtslosigkeit dieser Fluchtversuche sichtbar – z.B. wenn Faber in der Wüste alles Unmögliche versucht, um seinen elektrischen Rasierapparat in Gang zu setzen (32) [27]. Daher machen die Vordergrundbanalitäten meist durch den prononcierten Kontrast auf einen dunklen existentiellen Hintergrund aufmerksam. Das gilt vor allem für die englischen Einblendungen: Sie sind äußerlich motiviert durch Fabers Streben, Erlebnis direkt, ungefiltert und unbeschönigt zur Sprache zu bringen. Sie enthalten Floskeln, die in ihrer Banalität den American Way Of Life atmosphärisch charakterisieren, zum Teil auch als Kolorit der kosmopolitischen Weite der Faber-Welt dienen.

Merkwürdigerweise erscheint so gut wie jede dieser englischen Banalitäten als Wiederholung. Zur Not sind einige der Wiederholungen aus der äußeren Situation erklärbar, z. B. Lautsprecherdurchsagen: „Passenger Faber, Passenger Faber... This is our last call, this is our last call" usw. (16) [13]. Wenn aber dann die Stewardeß Faber „faßt" und zum Flugzeug führt, „wie einen, der vom Gefängnis zum Gericht geführt wird" (16) [14], so ahnt der Leser, daß diese Worte symbolisch auf Fabers innere Existenzsituation zu beziehen sind, und dadurch erhalten auch die anonymen Lautsprecheraufrufe einen gewissen Hintersinn – ebenso wie die Überbetonung des „Spät-zu spät" durch die Stewardeß („We 're late, Mr. Faber, we 're late" – 16, [14]) und wenig später durch Herbert Henckes („Vielleicht ist alles zu spät, vielleicht ist alles zu spät" – 38, [32]). Auch das vielfältig wiederholte und gerade darum unglaubwürdige „There is no danger at all" (18–22) [16–19] läßt kommendes Unheil ahnen, das über die konkreten Gefahren der Notlandung hinausgeht.

Noch penetranter und hintergründiger wirken die Beteuerungen des Mr. Williams: „Williams war merkwürdig. ‚It's okay', sagte er ‚it's okay', immer wieder. ... ‚It's okay' sagte er noch, als ich von dem scheußlichen Selbstmord meines Jugendfreundes berichtete. ‚It's okay.'" (117) [96]

Offensichtlich soll das „okay" durch seine unmotivierte Häufung beim Leser den gegenteiligen Eindruck hervorrufen und Assoziationen wecken, die in ihrer Richtung durch das Stichwort „Selbstmord" sowie die wiederholte Anspielung „You're looking like–" auf Vorstellungen von Krankheit und Tod hin gelenkt werden. Unbewußt macht sich Faber dieses „it's okay", das ihn sehr beschäftigt, zu eigen und gebraucht die sprachliche Wendung selbst auch in Fällen, in denen eine Sache durchaus nicht „okay" ist (Rotwein zum Fisch, Wein mit Zapfengeruch). Auch er wiederholt mechanisch jedes „it's okay" (119) [98].

Auffallende Ähnlichkeit mit der Flughafenszene hat Fabers englischsprachiges Telefongespräch (204) [163/164]. Wieder steht Faber einer unbekannten anonymen Größe gegenüber. Dem viermal wiederholten Lautsprecheraufruf an „Passenger Faber" entspricht hier die viermalige Namensnennung „Walter Faber".

Mit dem kalkulierten Einsatz der Banalität zu dichterischen Zwecken verwirklicht Frisch im *Homo faber* eine Forderung, die er indirekt schon im *Tagebuch 1946–49* erhoben hat: die Einbeziehung des Banalen in die dichterische Gestaltung. Dort kritisiert Frisch die „Angst vor dem Banalen": … „Der Dichter ist vielleicht mit dem Flugzeug gekommen, mindestens mit einem Wagen, aber die Gedichte, die er vorzulesen hat, möchten dem Geräusch eines fernen Motors nicht standhalten … Das Banale der modernen Welt (jeder Welt) wird nicht durchstoßen, nur vermieden und ängstlich umgangen. Ihre Poesie liegt vor dem Banalen", nicht hinter dem Banalen" (Tgb. I, 212/212).

4.3.3
Stereotypie

„Repetition" kennzeichnet die besondere Art der Selbstentfremdung des Rationalisten Walter Faber, der sein Leben als eine Summe mechanischer Abläufe betrachtet. Ihren sprachlichen Niederschlag findet diese Lebenseinstellung im dominierenden Stilzug der Stereotypie. Wenn Faber Vorgänge und Gegebenheiten konstatieren muß, die mit seiner Lebenskonzeption nicht in Einklang zu bringen sind, greift er zu gewissen sprachlichen Formeln, die durch ihre Stereotypie die Undifferenziertheit seiner inneren Wahrnehmung verraten:

„Nervös" wird Faber immer, wenn der übliche technische Ablauf gestört ist: wenn eine Maschine im Leerlauf arbeitet, wenn kein Anschluß für den Elektrorasierer zu finden ist, wenn das Schiff nicht von der Stelle zu kommen scheint oder wie Faber es allgemein ausdrückt: „wenn nichts läuft" (92) [75/76].

Mit dem Etikett „komisch" versieht Faber alles ihm Wesensfremde, Unverständlich-Irrationale: „Menschen sind komisch! Ein Volk wie diese Maya, die das Rad nicht kennen und Pyramiden bauen, Tempel im Urwald, wo alles vermoost und in Feuchtigkeit verbröckelt – wozu?" (51) [43].

Sehr viel häufiger noch konstatiert Faber sein Nichtverstehen direkt und ohne Wertung durch die Formel „Ich weiß nicht …" (bzw.: „ich wußte nicht", „ich verstand nicht" o. ä.). Auf den ersten hundert Seiten begegnet sie achtunddreißigmal! Das Nichtverstehen betrifft zum einen die äußere vegetative Natur: „Es schwirrte und lärmte, wie im Zoo, wenn man nicht weiß, was da eigentlich pfeift und kreischt und trillert, Lärm wie moderne Musik, es können Affen sein, Vögel, vielleicht eine Katzenart, man weiß es nicht, Brunst oder Todesangst, man weiß es nicht." (51) [42]

Zum andern wird die Formel auf fremde oder eigene psychische Vorgänge bezogen, oft versteht Faber die Frauen, vor allem Hanna, noch öfter aber sich selbst nicht. Das „Nichtwissen" kumuliert in der Wiederbegegnung mit Hanna: „Ich wußte nicht, was denken" ... (163) [133] „Was mit mir los sei? Ich wußte es selbst nicht." (166) [135] ... „Ich wußte nicht, was ich denken sollte" (184) [149] usw.

Wie schon erwähnt, fallen fast alle wichtigen Entscheidungen Fabers ohne sein Wissen und Wollen. Sie steigen aus seinem Unbewußten auf, und er kann sie nur mit Überraschung zur Kenntnis nehmen. Auch in diesen Zusammenhängen greift Faber zur Formel „Ich weiß nicht ..." (vgl. o. 2.5.2).

Das Motiv des Nichtwissens nimmt zum Schluß hin an Häufigkeit ab und verwandelt sich z.T. in ein „Nicht – gewußt-haben" – was nunmehriges Wissen impliziert; ja in der „2.Station" heißt es an prononcierter Stelle: „Ich weiß ..." bzw. „Ich wußte ...": „Ich wußte, daß ich alles, was ich sehe, verlassen werde, aber nicht vergessen" (225) [180] oder (mit Bezug auf seine unheilbare Krankheit): „Ich weiß alles." (246) [198] Allerdings trifft man daneben selbst auf der letzten Seite noch die negative Formel an.

Noch auffälliger als die Formel „Ich weiß nicht" wirkt Fabers Beteuerung, daß sich alles „wie üblich" verhalte, an solchen Stellen, wo sich die Dinge durchaus in unübliche Richtung entwickeln, z.B. vor der Notlandung in der Wüste. Bis zu diesem Punkt (23) [20] findet sich die Formel fast auf jeder Seite, dazu Wendungen, die das Normale des Vorgangs inhaltlich hervorheben: „ein Flug wie hundert andere, die Motoren liefen in Ordnung" (10) [9] ... „die normale Thermik" (22) [19] ... „als wäre es für immer in Ordnung" (22) [19] ...

In der Paris-Szene häuft sich das „üblich" erneut und verbindet sich mit der Formel „it's okay" zu einem Zeitpunkt, da Fabers Schicksal seine entscheidende Weichenstellung in eine für ihn ganz „unübliche" Richtung erfährt.

Außer den bisher behandelten sprachlichen Leitmotiven gibt es eine Reihe von anderen Formeln, die aber im wesentlichen dem gleichen Bedeutungsfeld angehören. So gehören in die Nähe von „üblich" die Wendungen „nichts weiter" (z.B. 13, 29, 113, [11, 25, 92]), „ich bin gewohnt" (92, 111, 121 u.a., [75, 91, 98/19]),

„es ist nicht meine Art" (z. B. 20, [18]), „ich vertrage es nicht" (z. B. 11, [10]).

All diese stereotypen sprachlichen Leitmotive haben neben der rollenpsychologischen eine erzähltechnische Funktion: Sie dienen als Element der Verknüpfung. Immer wenn ein solches Motiv auftaucht, werden mehrere Punkte der vorhergehenden Geschichte assoziativ mit angesprochen. Der an und für sich unbedeutende und rein denotative Inhalt dieser Wortbedeutungen wird so fortschreitend mit kontextgebundener Konnotation angereichert.

4.4
Gefühlsausdruck in der Sprache des Berichts

4.4.1
Impressions- und Erinnerungsstil

Die bisher behandelten sprachlichen Merkmale des „Berichts" dienen dem (vergeblichen) Versuch der Gefühlsabwehr. Ihnen steht aber ein Komplex von sprachlichen Elementen gegenüber, die als Ausdruck von Emotionalität zu verstehen sind.

Charakteristisch für den Satzbau des *Homo faber* (wie für den Stil Frischs im allgemeinen) ist die Tendenz zur Auflösung der Satzklammer, zum attributiven und adverbiellen Nachtrag. Hier einige Beispiele:

„Abende lang hocken sie in ihren weißen Strohhüten auf der Erde, reglos wie Pilze, zufrieden ohne Licht, still." (46) [38].

„Sie trägt eine Brille, schwarz, Hornbrille." (154) [125]

„Gegen Morgen hatte der Regen aufgehört, plötzlich, wie wenn man eine Dusche abstellt." (84) [69]

Die stilistische Wirkung derartiger Nachträge besteht einmal darin, daß dem finiten „Zeitwort" seine beherrschende Stellung genommen wird. Es verschwindet oft geradezu unter der Fülle der Nachträge. Dadurch wird das Element des zeitlichen Fortgangs in der Satz-Handlung abgeschwächt (– und in den vielen prädikatslosen „Sätzen" völlig ausgeschaltet). Statt dessen tritt die zeitfreie Beschreibung in den Vordergrund. Ihr Verknüpfungsprinzip ist nicht das chronologische Fortschreiten in der Zeit, sondern die assoziative Reihung. Dadurch entsteht ein kurzschrittiger Impressionsstil ohne übergreifende Satzbögen.

Oft ist eine syntaktische Klassifizierung der einzelnen Satzelemente überhaupt nicht mehr möglich: „Wir kamen gerade hinzu, wie sie hin- und herzerrten an einem solchen Geschlamp von Eingeweide, eine ganze Meute von schwarzvioletten Vögeln mit blutigen Därmen in ihren Schnäbeln, nicht zu vertreiben, auch wenn ein Wagen kommt; sie zerren das Aas anderswohin, ohne aufzufliegen, nur hüpfend, nur huschend, alles mitten auf dem Markt." (41) [34]

Die Wahrnehmungen werden in der Regel grammatisch ungefiltert auf kürzestem Wege in Sprache umgesetzt. Das „Ich" erscheint passiv den andrängenden Impressionen ausgeliefert. Einem Rationalisten – wie Faber es sein möchte – wäre dagegen eher ein hypotaktischer Stil von rationaler Klarheit und Überschaubarkeit gemäß. Fabers Sprache verrät, daß seine prätendierte rationale Autonomie nur vordergründiger Schein ist.

Die Abschwächung des Satzrahmens geht z.T. bis zur völligen Satzlosigkeit. An Stelle des Satzes treten prädikatslose Nominalfügungen, wobei das dominierende Nomen meist mit bestimmtem Artikel oder Possessivpronomen verbunden ist. Hin und wieder findet sich eine rudimentäre zeitliche Einordnung solcher Nominalgruppen durch ein einleitendes „dann".

Beispiele: „Die Zuhälter –
Die Eisverkäufer –
…
Der lila Mond –
Dann meine Taxigeschichte…
…
unser kostbares Souper!
Dann die Blamage –
…
Mein Hirngespinst: Magenkrebs
…
Krawall der Vögel im Morgengrauen…"(222) [178]

Dieses Baumuster findet sich vereinzelt, mit zunehmender Häufigkeit gegen Schluß schon in der „1. Station". In der „2. Station" tritt es dagegen auffällig in den Vordergrund und wird in der Hauptebene der drei Erzählschichten zum dominierenden syntaktischen Muster. In den Nachholberichten und in der nur schwach ausgebildeten Ebene der Erzählergegenwart fehlt es da-

57

gegen völlig. Der textspezifische Ausdruckswert dieser Stilfigur läßt sich am deutlichsten an einem Beispiel aus der „1.Station" ablesen:

„Die Via Appia –
Die Mumie im Vatikan –
Mein Körper unter Wasser –" (167) [136]

Es handelt sich hier offensichtlich um Impressionen, die in der Erinnerung als Assoziationskette vergegenwärtigt werden. Der Gedankenstrich soll wahrscheinlich die zeitliche Offenheit unterstreichen. Der bestimmte Artikel zeigt die Dinge als schon bekannt an. Als Erinnerungsbilder sind sie der Zeit enthoben und stehen jederzeit zur Verfügung. Darum stehen angeschlossene Attributsätze auch im zeitlosen Präsens: „Die Negerspanierin, die mir ihre Zunge herausstreckt." (215) [172]

Die übergeordneten Nomina sind z.T. Deverbativa:

„Geruch von Fischen und Ananas" (206) [165]

„Nochmals die Bahnfahrt!" (206) [165]

„Überall mein müßiger Gedanke: Wäre es doch damals!" (207) [166]

„Sein Grinsen im Bart" (208) [167]

Durch die Nominalisierung des Verbs wird der Vorgang seiner Vorgängigkeit enthoben. Aus der Transformation des zugrundeliegenden Aussagesatzes („Er grinste …") ergibt sich die Notwendigkeit, dessen Subjekt zum Possessivpronomen umzuformen.

Erinnerungsstil in Form des beschriebenen syntaktischen Musters findet sich vor allem in der zweiten Dschungelreise, der Habana- und der Filmszene. Da bei der zweiten Dschungelreise so gut wie alle Wahrnehmungsobjekte (auch für den Leser) schon aus der ersten Reise bekannt sind, ist der Erinnerungsstil hier sozusagen doppelt motiviert. Das gleiche gilt für die Filmszene, die ja auch eine Reproduktion früherer Erlebnisse darstellt.

Die Geschichte Walter Fabers als eines Menschen, der sein Leben erst in der Erinnerung wirklich „erlebt", erscheint als neue Variante eines älteren Frisch-Motivs, wenn man eine Passage des *Tagebuchs* aus dem Jahr 1946 liest: „Man gleicht einem Film, der belichtet wird; entwickeln wird es die Erinnerung … Die Gegenwart bleibt irgendwie unwirklich, ein Nichts zwischen Ahnung und Erinnerung, welche die eigentlichen Räume unseres Erlebens sind." (Tgb.I, 118)

Im *Homo faber* wird die Bedeutung der Erinnerung für das Erlebnis in der Habana-Szene besonders stark spürbar. Die letzte Nacht auf Cuba wird nicht nur als gesteigerte Gegenwart, sondern zugleich als vorweggenommene Erinnerung erlebt: „Ich wußte, daß ich alles, was ich sehe, verlassen werde, aber nicht vergessen." (225) [180] Ähnlich lauten die Rahmensätze des Sonnenaufgangserlebnisses (184, 187) [150, 152] und der Filmszene (235) [188]: „Ich werde nie vergessen" bzw. „Ich sehe diesen Streifen noch jetzt."

Über die Verwirrung und Überwindung der Normalzeit durch die Erinnerung wird schon in dem frühen Prosastück *Bin* meditiert, aber wirklich strukturbildend wird das Prinzip „Erinnerung" bei Frisch erst im *Homo faber*.[8]

In dem Maße wie der Erinnerungs-Nominalstil in den Vordergrund tritt, durchbrechen auch andere quasi lyrische Sprachelemente die „Bericht"-Haltung: Metaphern wie „die rote Blume ihrer Münder" (224 – vgl. u. 4.4.2) [179] ergeben eine ungewohnte Sprachbildlichkeit. An einzelnen Höhepunkten wird die Prosa rhythmisiert (vgl. u. 4.3). Allerdings bleiben diese lyrischen Aufschwünge gleichsam insular. Sie sind charakteristisch für die Akrokorinth-Szene (184–187) [150–152] und die Habana-Szene (215–227) [172–183]. Diese Stellen dürften im Gesamtwerk Frischs die letzten sein, in denen er sich bis in die Nähe der Lyrik wagt. Während Frischs frühe Werke (z.B. *Santa Cruz, Bin, Jürg Reinhart* bzw. *Die Schwierigen* noch erheblichen lyrischen Einschlag aufweisen, verzichtet Frisch in späteren Werken fast völlig auf Lyrismen. Die wenigen lyrisch getönten Landschaftsschilderungen des *Stiller* sind zum größten Teil wörtlich aus den *Schwierigen* übernommen. Im *Homo faber* wird noch einmal – auf dem Umweg über die Rolle – ein lyrischer Aufschwung möglich. Frisch selbst bezeichnet die „Abbreviaturen" (offenbar des Nominalstils) und das „Metaphernspiel" als lyrische Elemente (*Der Schriftsteller und sein Verhältnis zur Sprache*, 80): „Hier geht es um eine Sprachunbeholfenheit, die manchmal so weit getrieben wird, daß er in die Gegend der Poesie kommt, weil er nämlich das literarische Klischee nicht hat, so daß er dann plötzlich zu Abbreviaturen kommen kann, an denen wir verhindert sind durch Sprachbewußtsein … Ja, bei dem Metaphernspiel; er macht's in Havanna im Stenogrammstil, in der Ekstase des Moribunden, wo er nur noch Stichworte notiert, dann in die Gegend von dem kommt, was das Gedicht tut, nämlich die ungeheure Abbreviatur zustande zu bringen." (a.a.O., 80)

Nach dem *Homo faber* ist für Frisch – aus Furcht vor der künstlerischen Repetition – nicht einmal mehr solche „Rollenlyrik" möglich.

4.4.2
Sprachbildlichkeit (Vergleich, Metapher)

Der kargen Rollensprache des *Homo faber* entspricht ihre allgemeine Armut an Metaphern und Vergleichen. Eine Textseite enthält im Durchschnitt kaum mehr als ein Sprachbild (– abgeblaßte Alltagsmetaphern nicht gerechnet). Frischs frühere Prosa weist im Vergleich dazu einen weit größeren Reichtum an bildlichen Wendungen auf; in „Bin" z.B. trifft man Sprachbilder annähernd dreimal so häufig an wie im *Homo faber*.

Allerdings ist die Sprachbildlichkeit im *Homo faber* in verschiedenen Passagen ungleich häufig. Sie konzentriert sich auf die Landschaftsdarstellungen; sie fehlt völlig in den stark gerafften Nachholberichten. Aufschlußreich ist das gehäufte Auftreten von Metaphern in Marcels Kritik am American Way of Life (61) [50]. Mit deren Inhalt übernimmt Faber (218–220) [175–177] auch deren sprachliche Form. Der stilistische Unterschied zu seinen früheren bildarmen Reflexionen ist nicht zu übersehen. Metaphern zeigen offenbar eine irrationale Grundhaltung des Sprechers an; der Inhalt der Aussagen bestätigt diese Interpretation.

Verstärktes Auftreten von Sprachbildern kündigt fast immer in irgendeiner Form die geheime Gegenwart der „Gegenseite" (terre femme-mort) an. Das gilt schon für den ersten Vergleich: „Man kam sich wie ein Blinder vor." (8) [7] Hier erfolgt die erste Störung der geradlinigen technisch bestimmten Lebensbahn durch die Natur in Gestalt des Schneesturms. Auch der zweite Vergleich – „Geriesel wie aus Messing oder Bronce" (9) [9] bezieht sich auf Naturwahrnehmungen. Der auffallende Vergleich 16 [14] deutet symbolisch auf Fabers Schicksal hin „ich ging wie einer, der vom Gefängnis ins Gericht geführt wird". Der Traum-Vergleich der Zähne mit Kieselsteinen (18) [16] fügt sich ebenfalls in diesen Zusammenhang. Die gehäuften Vergleiche 20/21 [18] („wie Lametta ... wie Staniol ... wie violette Tinte ... wie amerikanischer Milchkaffee … wie die Augen von Ivy") spiegeln Fabers Bestreben, das Bild der Natur ins Technisch-Zivilisatorische zu entfremden und sich dem Erlebnis zu entziehen. Darüber hinaus klingt hier schon jene irrationale Gleichsetzung „terre" – „femme" an („Lippenstiftrot" – „wie Ivy" (20/21) [18]), die für Faber charakteristisch ist.

Die drohende Berührung mit „la terre" in der Notlandung löst eine Reihe von Sprachbildern aus. Hier drücken Metaphern den Verlust des Bewußtseins aus: „ein blinder Schlag, Sturz vornüber in die Bewußtlosigkeit" (24) [20].

Die Darstellung der nächtlichen Wüste enthält eine Fülle von Vergleichen und Metaphern, die Fabers emotionale Betroffenheit verraten. Faber versucht, dies zu verbergen, indem er die Bilder mit Negationen verbindet („keine versteinerten Engel", „keinen ausgestorbenen Vogel", „keine Sintflut" usw. – (28/29) [24/25]). Aber Bilder lassen sich nicht annullieren, indem man sie dementiert.

Wenn Faber zur Beschreibung von Naturdingen Sprachbilder heranzieht, so vorwiegend aus dem technisch-zivilisatorischen Bereich. In der Dschungelszene dominiert die Natur derart, daß selbst in den Vergleichen meist die Natur den Bildgeber bildet.

Im Vergleich wird z. B. der Mensch zur Natur in Beziehung gesetzt: „die Indios reglos wie Pilze" (45) [38]. „Ihre Haare erinnern an Gefieder: schwarz mit einem bläulich-grünen Glanz darin, dazu ihre Elfenbein-Zähne" (48) [40]. Die drohende Auflösung des zivilisierten Menschen ins Vegetative zeigen Vergleiche an wie folgende:

„Gestank von Schlamm, der an der Sonne verwest, und wenn man sich den Schweiß aus dem Gesicht wischt, so ist es, als stinke man selber nach Fisch." (40) [34]. „Wir waren naß von Schweiß und Regen und Öl, schmierig wie Neugeborene." (84) [69]

Die Verbindung der Dschungelnatur zur menschlichen Leiblichkeit, vor allem zur Sexualität, spiegelt sich in Vergleichen: „Erde ist Schlamm nach einem einzigen Gewitter …, Verwesung voller Keime, … wie Tümpel von schmutzigem Blut, Monatsblut, Tümpel voller Molche, nichts als schwarze Köpfe mit zuckenden Schwänzchen, wie ein Gewimmel von Spermatozoen, genau so – grauenhaft" (83) [68] … „Geschlinge von Luftwurzeln, die in unserem Scheinwerferlicht glänzten wie Eingeweide" (84) [69].

Selbst die siderischen Körper, Sonne und Mond, verlieren den Charakter des Kosmisch-Fernen. Ihre Konturen werden unscharf: „schleimig" (40) [33/34], „wie Watte" (64) [53], „filzig" (206) [165]. Sie bekommen – wie auch andere optische Phänomene – taktile Qualitäten. Dadurch verstärkt sich das Gefühl der quälenden Beengung, das Walter Faber in dieser extremen Naturlandschaft beherrscht. Die räumliche Distanz wird aufgehoben durch Wendungen wie: „während die Sonne bereits in den grünen Tabak sank" (64) [53] oder „als der Mond in den Tabak sank" (65) [54]. Die Himmelskörper erscheinen geradezu verleiblicht; z. B. die Sonne „wie gedunsen, eine Blase voll Blut, widerlich, wie eine Niere oder so etwas" (64) [53].

Die Beschreibung des toten Joachim besteht aus Vergleichen, die das Nicht-Menschliche hervorheben: ... „sonst hätten ihn die Zopilote wie einen toten Esel auseinandergezerrt ... steif wie eine Puppe ... seine Hände weißlich, Farbe von Schwämmen ... seine Arme steif wie zwei Stecken" (101/102) [84].

Die Sprachbildlichkeit der Habana-Szene unterscheidet sich von allen vorhergehenden Beschreibungen durch einen Zug zur verschmelzenden Metapher, wenn sich auch daneben die bekannten Vergleiche aus dem zivilisatorischen Bereich finden. Insbesondere in der „letzten Nacht in Habana" finden sich Metaphern in sonst unbekannter Häufung: „die Gußeisenlaterne, die zu flöten beginnt, ... ihr zuckendes und sterbendes Licht ... alles will fliehen ... Donner im Boden ... Backofenluft ... Himbeerlicht ... das flötende Gußeisen ... die grüne Jalousie, die sich losgerissen hat, ihr Gelächter im Staub" (224/5) [181].

Wie sich Faber zunächst zögernd zur Metapher durchringt, läßt sich an einem Einzelfall verfolgen: „Ihr weißes Gebiß in der roten Blume ihrer Lippen" so beschreibt Faber (215) [172] die Kubanerinnen und entschuldigt sich anschließend für die Kühnheit der Metapher: „wenn man so sagen kann" (215) [172]. Auf Seite (224) [179] wird die gleiche Metapher wieder aufgenommen: „die rote Blume ihrer Münder" heißt es nun – ohne die frühere halbe Zurücknahme. Durch das vorwiegend metaphorische Sprechen wird die relative Distanz der „wie"-Vergleiche vollends aufgelöst. Darin spiegelt sich Fabers innerer Entwicklungsprozeß: Faber öffnet sich dem irrationalen Erlebnis und verliert seine rationale Distanz zur Natur.

4.4.3
Das Banale und seine Durchbrechung in der Landschaftsdarstellung

Der Kontrast zwischen vordergründiger Banalität und existentiellem Hintergrund, der den Stil des Romans bestimmt, findet eine besonders auffallende Ausformung in der Landschaftsdarstellung der Akrokorinth-Szene.[9]

Das Eigenartige besteht – äußerlich betrachtet – in der spielerischen Suche nach Vergleichen, die an Fabers und Sabeths erste Begegnung beim Pingpong-Spiel auf dem Schiff erinnert: „ein Saumpfad zwischen Felsen hinauf, steinig, staubig, daher im Mondlicht weiß wie Gips. Sabeth findet: Wie Schnee! Wir einigen uns: Wie Joghurt! Dazu die schwarzen Felsen über uns: Wie Kohle! finde ich. Aber Sabeth findet irgendetwas anderes" … usw. (185/186) [151/152].

Psychologisch läßt sich das Spiel motivieren als Versuch, die Erlebnistiefe der Abschiedssituation zu überspielen. Darauf weist auch die Feststellung hin: „Vom kommenden Tag, der für Sabeth die Heimkehr bedeuten sollte, haben wir kein Wort gesprochen." (186) [151] In Wirklichkeit vermag das Spiel den existentiellen Hintergrund des Augenblicks nicht zu verdecken. Der Autor schafft Durchblicke durch den Vordergrund und erreicht auf diese Weise eine besondere Tiefenwirkung: Zunächst einmal ist zu berücksichtigen, daß die Akrokorinth-Szene nicht an ihrem chronologischen Ort steht, sondern in die Darstellung der Katastrophe eingeschoben worden ist. Schon durch diese Umrahmung wird Hintergrund geschaffen. Ferner weisen die Rahmensätze am Anfang und Ende auf die besondere Erlebnisdeutung dieser Szene hin: „Ich werde nie vergessen" … „Vor vierundzwanzig Stunden saßen wir noch auf Akrokorinth, Sabeth und ich, um den Sonnenaufgang zu erwarten. Ich werde es nie vergessen!" (184) [150] – „und ich werde nie vergessen, wie Sabeth singt!" (187) [152]

Innerhalb des Spiels wird der Erlebnishintergrund zunehmend transparent – z.B. wenn zwischen „Porzellan", „Puderquaste", „Bierschaum" und „Rüschen" der an die Genesis anklingende Satz „Es scheiden sich Wasser und Land" (186) [151] das Elementare der Erlebnissituation gerade im Gegensatz zu den läppischen zivilisatorischen Vergleichen fühlbar macht.

Besonders deutlich wird der Durchbruch des Irrationalen am Schluß: „und dann die ersten Strahlen aus dem Meer: Wie eine Garbe, wie Speere, wie Sprünge in einem Glas, wie eine Monstranz, wie Fotos von Elektronenbeschießungen." (186) [152] – Die Abundanz spiegelt den Erlebnisüberschuß. Der Erzähler weist selbst daraufhin: „Für jede Runde (des Vergleichs-Pingpong) zählt aber nur ein einziger Punkt, es erübrigt sich ein halbes Dutzend von Vergleichen anzumelden." (187) [152]

Fabers plötzlicher emotionsbedingter Überfülle an Sprachbildlichkeit entspricht auf seiten Sabeths – als die entgegengesetzte extreme Form des Gefühlsausdrucks – das Verstummen: „während Sabeth schweigt und ihrerseits einen Punkt verliert" (187) [152]. Fabers Gefühlsbewegung spiegelt sich in einer gewissen Rhythmisierung der Prosa wieder. Diese wird bewirkt durch die fünfmalige Anapher „wie …" und die End-Assonanz der ersten drei Vergleichswörter („Garbe" – „Speere" – „Sprünge"), deren Silbenzahl zudem gleich ist. Inhaltlich wird die Steigerung gestützt durch die steigende Kühnheit der Vergleiche und durch die zunehmende Spannweite zwischen den jeweils kontrastierenden Bildpaaren. Die Klimax kulminiert in dem Paar: „Monstranz" – „Fotos von Elektronenbeschießungen"; diese beiden Bilder entsprechen extrem gegensätzlichen Bereichen – um es in der Sprache Fabers auszudrücken: den Bereichen des „Mystischen" und des „Technischen".

Das stilistische Prinzip, das eigentliche Erlebnis nicht direkt zu verbalisieren, sondern als wortlosen Hintergrund hinter einem trivialsprachlichen Vordergrund fühlbar zu machen, läßt sich als sprachliche Realisierung einer Idee des *Tagebuch I* betrachten: „Was wichtig ist: das Unsagbare, das Weiße zwischen den Worten, und immer reden diese Worte von den Nebensachen, die wir eigentlich nicht meinen. Unser Anliegen, das eigentliche, läßt sich bestenfalls umschreiben, und das heißt ganz wörtlich: man schreibt darum herum. Man umstellt es. Man gibt Aussagen, die nie unser eigentliches Erlebnis enthalten, das unsagbar bleibt; sie können es nur umgrenzen, möglichst nahe und genau, und das Eigentliche, das Unsagbare, erscheint bestenfalls als Spannung zwischen diesen Aussagen.

Unser Streben geht vermutlich dahin, alles auszusprechen, was sagbar ist; die Sprache ist wie ein Meißel, der alles weghaut, was nicht Geheimnis ist..." (Tgb. I, 39)[10] Die „Spannung zwischen den Aussagen" macht auch den Reiz der Wüsten-Beschreibung aus. Offener noch als in der Akrokorinth-Szene tritt hier das Prinzip der Erlebnisvermittlung durch vordergründige Erlebnisabwehr zutage: Faber versucht, den Erlebniswert der Bilder durch Negation aufzuheben. Aber sogar in dem, was Faber zugegebenermaßen an realen Tatbeständen wahrnimmt, sind Existenzsymbole enthalten: „Was ich sehe, das sind Agaven, eine Pflanze, die ein einzigesmal blüht und dann abstirbt" ... „Ich sehe, was ich sehe: die üblichen Formen der Erosion, dazu meinen langen Schatten" (28/29) [24]. Auch die Feststellung: „Ich höre gar nichts, ausgenommen das Rieseln von Sand nach jedem Schritt" (29) [25], ist keineswegs dazu angetan, die Vorstellung des metaphysischen Nichts auszuschließen.

Das Prinzip der Spannung beherrscht in einer neuen Variation die Habana-Szene (225/26) [180/181]; die Pole dieses Magnetfeldes heißen: Leben und Tod. Während im Wüstenerlebnis die Spannung ungelöst bis zum Ende erhalten bleibt, verschmelzen in der Bewegtheit der Habana-Szene die Gegensätze zu einer momentanen coincidentia oppositorum. Bilder des Lebens und der Lebensfreude mischen sich mit Todessymbolik: „Ich singe ... ich schaukle und lache ... ich schaukle und singe ... mein Spaß dabei, meine Wollust" ... – usw. – „zuckendes und sterbendes Licht ... alles will fliehen ... das Schaukeln der leeren Sessel neben mir" ... usw.

Hier zum erstenmal akzeptiert Faber „in der Euphorie des Moribunden" (*Der Schriftsteller und sein Verhältnis zur Sprache*, 80) den Tod als notwendigen Bestandteil und Stimulans des Lebens.

5
Raum und Landschaft

5.1
Bedeutung der Schauplätze und des Schauplatzwechsels

Vergleicht man sämtliche epischen Werke Frischs auf ihren Gehalt an Landschaftsdarstellung hin, so läßt sich eine deutliche Entwicklung konstatieren: Die frühen Werke sind überaus reich an Landschaft, seit dem *Stiller* tritt sie zurück, im *Gantenbein* spielt sie keine nennenswerte Rolle mehr.

Äußerlich kommt die Bedeutung des Landschaftlichen für die früheren Werke schon in den jeweiligen Untertiteln zum Ausdruck: „Roman aus Dalmatien" (zu *Jürg Reinhart*, 1934), „Erzählung aus den Bergen" (zu *Antwort aus der Stille*, 1937), „Die Reise nach Peking" (zu *Bin*, 1945).

Auch in einigen Dramen spielt Landschaft eine für ein Bühnenstück fast zu große Rolle: in *Santa Cruz* und *Graf Öderland* (Erstfassung).

Bis zu den *Schwierigen* einschließlich ist das Geschehen im wesentlichen auf einen einzigen landschaftlichen Raum beschränkt. Im *Stiller* gibt es zwei landschaftliche Pole: das reale Hier (die Schweiz) und das imaginierte Dort (die Neue Welt), das sich dabei in eine Reihe eigenwertiger Landschaften gliedert (Wüste, Paricutin, Kalifornien, New York, Höhlenwelt in Texas).

Von allen anderen Werken unterscheidet sich der *Homo faber* durch den wiederholten abrupten Wechsel der realen Szenerie: New York – mexikanische Wüste – Dschungel von Guatemala – New York – Paris – Italien – Griechenland – New York – Guatemala – Habana – Düsseldorf – Athen.[11]

Der extreme Kontrast zwischen New York und dem Dschungel, der alle anderen Landschaftsantithesen überspannt, spiegelt die innere Spannungssituation Fabers zwischen den Polen der technischen Ratio einerseits und des elementaren Lebens anderseits. Zugleich entspricht die Globalität der Schauplätze der Globalität des Typus *Homo faber*. Er ist auf der ganzen Welt zu Hause, d.h. er ist nirgends zu Hause – es sei denn hinter dem Steuer seines Studebaker oder im Flugzeug. Der ihm angemessene Wohnsitz (sofern man davon sprechen kann) ist logischerweise New York. Daß er sich in seinem Hochhaus-Appartement heimisch fühle, kann man allerdings nicht behaupten. Schließlich verliert er sogar den Schlüssel zur eigenen Wohnung (vgl. 3.3.1). Der schroffe Wechsel der Räume und Zonen läßt einen Einklang Mensch – Natur unmöglich erscheinen. Bedingt wird der jähe Wechsel durch das Lebenstempo Fabers (Über die „Verdünnung der Welt durch Tempo", s. 5.4.1). Die Übergangslosigkeit im Raum entspricht der Diskontinuität der Zeit (s. 5.1.2).[12]

Die Schauplätze lassen sich aufs Ganze gesehen in zwei Gruppen einteilen: einmal in Plätze, an denen Faber auf dem sicheren Boden der Technik steht oder zu stehen glaubt, zum andern in Elementarlandschaften, die Faber mit den eigentlichen menschlichen Wirklichkeiten – Leben und Tod – konfrontieren.

Zur ersten Gruppe rechnen: das Flugzeug, New York, das Schiff (in gewisser Hinsicht), Paris und wiederum New York. Zur zweiten Gruppe gehören: Wüste, Dschungel, die Gräberlandschaft an der Via Appia, der griechische Strand, zum zweitenmal Dschungel, Habana und die nur kurz als „Schau"-Platz (während des letzten Fluges) auftauchende Alpenlandschaft.

Es ist bemerkenswert, daß im *Homo faber* die ‚Stadt-Landschaft' New York (im Gegensatz zu *Stiller*) in keiner Weise Gestalt gewinnt. Auch von den Innenräumen, in denen Faber sich dort jeweils aufhält, sehen wir so gut wie nichts. Der einzige Innenraum, der im Verlaufe des gesamten Romans einigermaßen sichtbar wird, ist Hannas und Sabeths Wohnung in Athen. Es drängt sich der Eindruck auf, daß Faber – im Gegensatz zu Hanna und Sabeth – überhaupt nicht „wohnen" kann, da er „weltlos" (212) [169] lebt, also auch keinen eigenen Ort in der Welt haben kann. Ebenso wenig akzeptiert er ja „seine" Zeit, indem er die Einmaligkeit und Unwiederholbarkeit der menschlichen Existenz zu ignorieren versucht.

Die Naturlandschaften, in die Faber verschlagen wird (teils durch Versagen der Technik, teils durch eigene „Entschlüsse", die aus dem Unbewußten, der weiblichen Seelenschicht, auftauchen), werden als feindliches Terrain viel intensiver erlebt als die Stadtlandschaft:

Die erste Elementarlandschaft, mit der Faber konfrontiert wird, ist die Wüste. (Über die landschaftliche Todessymbolik s. 3.3.4 u. 4.4.2). Ihre öde Starrheit spiegelt Fabers inneren Zustand.[13]

Der Dschungel hat mit der Wüste die Todeskomponente und die Starre gemeinsam („reglos" ist ein sprachliches Leitmotiv der Dschungelszene). Jedoch tritt der Tod hier nicht isoliert in den Vordergrund wie in der Wüstenlandschaft, sondern in der „natürlichen" Verbindung mit dem kreatürlichen Leben.

Die griechische Landschaft enthält im Gegensatz zur Wüste und zum Dschungel keine Todesvorausdeutungen, es sei denn, daß man Details des nächtlichen Akrokorinth-Erlebnisses in dieser Richtung deuten will („Wir hören das Echo unserer Schritte an den türkischen Mauern, sonst Totenstille, sobald wir stehen ... Eine letzte schwarze Zypresse ..." (185/186) [151]. Sie ist realiter Ort des Todes (für Sabeth und für Walter Faber).)

Ihre Menschenleere, die Nähe zum Meer und ihre Lichterfülltheit bilden in der Darstellung ihre wesentlichen Charakteristika. Sie erinnert stark an Santorin in *Graf Öderland;* Santorin wirkt ebenfalls als Ort existentieller Klarheit: „ein erloschener Krater im Meer, Felsen wie Blut und Kohle, so schwarz, so rot. Und hoch über der rauschenden Brandung die Stadt. Hoch über der schäumenden Brandung. Eine Stadt wie aus Kreide, so weiß, so grell, emporgetürmt in den Wind und ins Licht, einsam und frei, trotzig, heiter und kühn, emporgetürmt in einen Himmel ohne Dunst, ohne Dämmerung, ohne Hoffnung auf Jenseits, ringsum das Meer, nichts als die blaue Finsternis des Meeres" (*Graf Öderland,* 55/56).

Auch im *Homo faber* tritt in der griechischen Landschaft die wahre Existenzsituation des Menschen Walter Faber aus dem Nebel ,öderländischer' Dämmerung ins Licht. Die wesentlichen Elemente von „Santorin" finden sich in Akrokorinth wieder: die Gipfelhaftigkeit, das umgebende Meer, der scharfe Kontrast von Licht und Dunkel (*Homo faber:* weiß wie Kreide, 185, [151], *Öderland:* weiß wie Gips; *Homo faber:* die schwarzen Felsen über uns: wie Kohle (185) [151], *Öderland:* Felsen wie Blut und Kohle). Beide Schauplätze sind Orte der Freude vor dem Hintergrund des Todes (*Homo faber:* ... sie sei glücklich ... Sabeth sing, 187, [152], *Öderland:* Hier sind unsere Götter geboren ... Kinder der Freude, Kinder des Lichts, 56).

Die Bedeutung der griechischen Landschaft als idealisierter Existenzlandschaft ist erhellt aus den Anklägen an die „Verfügung für den Todesfall": „Auf der Welt sein: im Licht sein ...

standhalten dem Licht, der Freude (wie unser Kind, als es sang) im Wissen, daß ich erlösche im Licht über Ginster, Asphalt und Meer" (274) [199] – Licht (und die griechische Landschaft ist in Frischs Sicht eine Lichtlandschaft) symbolisiert bei Frisch immer Existenzbewußtsein.

Darüber hinaus erscheint Hellas im *Homo faber* als Ursprungsland der abendländischen Weltauffassung. Walter Faber, der Repräsentant einer Zivilisation, die von Hellas aus ihren Anfang genommen hat, findet seine letzte Lebensstation in eben diesem ‚Mutterland' der abendländischen Welt- und Lebensauffassung (vgl. G. Hillen: Reisemotive, pass.).

5.2
Starre und Bewegung

Walter Faber selbst pflegt sich per Flugzeug und Auto über große Entfernungen hin sehr schnell fortzubewegen (vgl. 5.4.1). Trotzdem erscheint er vorwiegend als unbewegt: sitzend, liegend, wartend. Körperliche Fortbewegung wird – außer in der Akrokorinthszene – selten ausführlicher als durch ein blasses: „ich ging" wiedergegeben.

Auch im Landschaftserlebnis kommt es nur ausnahmsweise (Notlandung, (23/24) [20], Akrokorinth (184 ff.) [150 ff.]) zu einer Art von Bewegung, und sei es auch nur durch optischen Ablauf. Immer wieder jedoch begegnen Bilder der Bewegungslosigkeit: „wir warteten ... die Vibration in der stehenden Maschine"... (7) [7].

Der Start selbst wird so dargestellt, daß das eigentliche Bewegungselement in einen Nebensatz zurücktritt, während der Hauptsatz die statische Beobachtung enthält: „Kaum hatte sich unser Fahrgestell von der weißen Piste gehoben, war von den gelben Bodenlichtern nichts mehr zu sehen, kein Schimmer, später nicht einmal ein Schimmer von Manhattan, so schneite es ... Ich sah nur das grüne Blinklicht an unserer Tragfläche, die heftig schwankte, zeitweise wippte" (8) [7].

Selbst der Flug bringt keine Bewegung ins Bild: „ebenso glänzten die Tragflächen, starr im leeren Raum, nichts von Schwingungen, wir lagen reglos in einem wolkenlosen Himmel" (10) [9].

Die Starre der Landschaft wird unterstrichen durch die Metall-Vergleiche: „wie Messing oder Bronze, wie Lametta, wie Staniol" (9, 20, 21) [8, 18]. Lediglich der Vorgang der Notlandung durchbricht die Bewegungslosigkeit – aber nur vorübergehend. Nach der Landung in der Wüste überwiegen wieder die statischen Bilder, z. B. (24) [21] (unmittelbar nach der Notlandung): „Niemand rührte sich, wir hingen vornüber in unseren Gurten ‚Go on‘, sagte der Captain, ‚go on‘. Niemand rührte sich". (25) [21]: (nach dem Aussteigen) „Die vier Propellerkreuze glänzten im knallblauen Himmel, ebenso die drei Schwanzsteuer. Niemand rührte sich…"

Die Starrheit der nächtlichen Wüstenlandschaft spiegelt sich in einer Reihe von Vergleichen: „wie versteinerte Engel" usw. (28/29) [24].

Die Menschen werden in die Todesstarre der Wüstenlandschaft einbezogen: „Zweiundvierzig Passagiere in einer Super-Constellation, die nicht fliegt, sondern in der Wüste steht … die Passagiere genauso wie wenn man fliegt, in ihren Sesseln schlafend mit schrägen Köpfen und meist offenen Mündern, aber dazu Totenstille, draußen die vier Propellerkreuze … alles reglos" (31) [26].

Noch auffälliger als in der leeren und daher von Natur aus bewegungsarmen Wüstenlandschaft wirkt die Bewegungslosigkeit im Dschungel: „Schließlich wischt man sich den Schweiß nicht mehr ab, sondern sitzt mit geschlossenen Augen und atmet mit geschlossenem Mund, Kopf an eine Mauer gelehnt, die Beine von sich gestreckt" (40) [34]. „Stille mit Wetterleuchten, ein Büffel stand auf dem schnurgeraden Gleis vor uns, nichts weiter. Er stand wie ausgestopft" (43) [36], „das faule Blinken der Sonne, ein Himmel voll Gemüse, wenn man rücklings im Wasser lag und hinaufblickte, Wedel mit meterlangen Blättern, reglos, dazwischen Akazienfiligran, Flechten, Luftwurzeln, reglos, ab und zu ein roter Vogel, der über den Fluß flog, sonst Totenstille" (63) [52].

In der New-York-Szene wird Statik in der Art von Standfotos erzielt; das Vorgängige klammert der Erzähler weitgehend aus. So kommt es zu Abschnittsanfängen wie den folgenden: „Man saß in unserem Studebaker, und Ivy steuerte zu meiner Wohnung" (70) [58].

70

„Eine Stunde später saß man nebeneinander..." (75) [62]
„Eine Stunde später saß ich in einer Bar" (76) [64].
Am stärksten fällt die statuarische Starrheit der Personen (79) [65]
ins Auge:

„Als wir mit unseren halbvollen Gläsern anstießen, wünschte
mir Ivy (sie stand) eine glückliche Reise ... Wir tranken im Stehen ... So standen wir und nahmen Abschied ... Sie stand wie
eine Kleiderpuppe".

Erst in der Habana-Szene zerbricht mit Fabers innerer und äußerer Starre die Erstarrung der Landschaft. Im Gegensatz zu der
leitmotivischen „Totenstille", die weder in der Wüste (31) [26],
noch im Dschungel (63) [52], noch in der Beschreibung von
Akrokorinth (186) [151] fehlte, wird die Landschaft nun auch
akustisch im Übermaß lebendig: „das Wellblech, sein Hall durch
Mark und Bein ... in ihren Blättern tönt es wie Messerwetzen ...
die Gußeisenlaterne, die zu flöten beginnt" usw. (225) [181]. – Die
Dynamik erfaßt selbst so unbewegliche Gegenstände wie eine
Gußeisenlaterne!

Die Bewegung ist Bewegung auf der Stelle, sie führt zu keinem
Ziel, aber sie weist in eine Richtung: „hinaus zum Meer" (225)
[181] – zum Elementaren, Offenen, Ungeheuren (parallel zur
Richtung von Fabers innerem ‚Aufbruch').

Fabers Bewegtheit, sein neues Lebensgefühl äußert sich in seiner körperlichen Eigenbewegung: „ich schaukle" (siebenmal wiederholt in der „letzten Nacht auf Habana"). Die Schaukelbewegung – in sich ruhend und doch dynamisch bewegt – ist die
räumliche Entsprechung der neuen positiven Existenzerfahrung,
polar wie das ‚Leben' in seiner Koinzidenz von Leben und Tod.[14]

Schon am ersten Abend in Habana klingt das Motiv des Schau-
kelns an („Ich schaukle und lache ... ich schaukle und fröstle ...
Das Schaukeln der leeren Sessel neben mir" (218) [175]. Dort
wird durch die Verbindung der unmittelbar aufeinanderfolgenden
Aussagen: „Wie ich schaukle und schaue – Meine Lust, jetzt und
hier zu sein" (218) [174] – der Existenzbezug der Bewegung deutlich.

Der räumlichen ‚Bewegung auf der Stelle' entspricht darüber
hinaus das Zeiterlebnis der „Ewigkeit im Augenblick" (247) [199]
– einer subjektiven Ewigkeit, in die das Bewußtsein der „Vergängnis" miteingeschlossen ist.

Die innere Bewegtheit findet ihren sprachlichen Niederschlag in einer gewissen Rhythmisierung der Passage. Ein gleichmäßiges Schwingen geht vor allem von dem siebenmal wiederkehrenden „Ich schaukle und..." („...und schwitze, ...und lache, ...und trinke, ...und singe") aus. Die doppelgipflige Schaukelbewegung spiegelt sich in der rhythmischen Doppelgipfligkeit dieser Kola wieder: „Ich schaukle und schaue", die trotz der verschiedenen inhaltlichen Füllung des jeweils zweiten Gliedes im rhythmischen Schema alle identisch sind. Die Wirkung wird verstärkt durch den wiegenden Dreiertakt: „scháukle und...". Hinzu kommt im ersten Kolon „Ich schaukle und schaue" als klangliche Stütze die Alliteration.

Doppelgipfligkeit beherrscht stilistisch die gesamte Passage: Schon der einleitende Rahmensatz „verlassen ... aber nicht vergessen..." enthält eine antithetische (also doppelgipflige) Figur. Die folgenden Kola bestehen vorwiegend aus zwei nominalen Gliedern, die meist durch Präposition verbunden sind: „die Arkade in der Nacht, die spanische Fassade mit ihren gelben Vorhängen ... durch Mark und Bein ... Wind ohne Wolken ... Donner im Boden ... Salz auf den Lippen" usw.

Eine beträchtliche Anzahl dieser Fügungen hat ein gemeinsames rhythmisches Muster (zwei Hebungen umrahmen zwei Senkungen), das dem Schaukelmotiv entspricht.

Zweigliedrigkeit findet sich darüber hinaus in einigen anderen Mustern, z.B. in paarigen Reihungen: „ihr zuckendes und sterbendes Licht" ... „der heiße und trockene Staub" usw., ferner in anaphorischen Wiederholungen: „nichts als ... nichts als", ... „die grüne Jalousie ... die grüne Jalousie", sowie in der rhythmischen Struktur eingeschobener Kurzsätze: „alles will fliehen ... kein Tropfen will fallen ... ich kann ja nicht singen ... ich preise das Leben".[15]

5.3
Blickführung und Perspektive

Im folgenden soll weniger von Landschaften als von Raumstruktur schlechthin die Rede sein. Mit „Blickführung" ist die Richtung der Aufmerksamkeit des erlebenden bzw. erzählenden Subjekts – ohne spezielle Einschränkung auf optische Wahrnehmungen – gemeint.

Wesen und Dinge im Raum erscheinen im *Homo faber* nie als
für sich seiend, sondern immer als Wahrnehmungen eines Ichs.
Das darf man bei einem Roman in der Ich-Form ohnehin erwarten; jedoch wirkt die Art der Subjektbezogenheit eigentümlich.
Man könnte bei einem Beobachter vom Typus des Rationalisten
Walter Faber vermuten, daß er in seinem Bericht einen jeweils
übersichtlich gegliederten dreidimensionalen Raum erstehen
ließe. Eben das ist nicht der Fall, im Gegenteil, den Landschaften
und „Stadtlandschaften" fehlt jegliches architektonische Skelett.
Allerdings findet man einige Landschaftsbilder, die eine gewisse Ganzheit bilden, jedoch nicht im Sinne eines dreidimensionalen Systems, sondern als erlebnisbedingte Wahrnehmungsein-
heit (z B. die Akrokorinth-Szene):
„Das Meer, das zusehends dunkler wird, blauer, violett, das
Meer von Korinth und das andere, das attische Meer, die rote
Farbe der Äcker, die Oliven grünspanig, ihre langen Morgen-
schatten auf der roten Erde, die erste Wärme und Sabeth, die
mich umarmt, als habe ich ihr alles geschenkt, das Meer, die
Sonne und alles" (187) [153].
Die Ortlosigkeit der Details zeigt ihre Unselbständigkeit an,
den Einbezug in das „allumfassende" subjektive Erleben. (Die
Gebärde des Umarmens schließt „das Meer und die Sonne und
alles" ein.)
Gleiches gilt für die „letzte Nacht in Habana". Das Ineinander
der Impressionen spiegelt sich sprachlich in der Häufigkeit der
Präposition „in", die zusammen mit dem ähnlichen „mit" gut die
Hälfte aller hier überhaupt vorkommenden Präpositionen stellt.
Auch hier bildet eine Bündelung von Impressionen den Kulmi-
nationspunkt: „das Himbeerlicht im Staub über der weißen Stadt
in der Nacht, die Hitze, die Fahne von Cuba – ich schaukle und
singe…" (226) [181].
Wenn überhaupt eine der drei räumlichen Dimensionen deutlich erlebt wird, dann vorzugsweise die Vertikale.
Aus der Distanz nach unten richtet sich der Blick während der
beiden Flüge am Anfang und Schluß (9, 20, 21, 22, 23, 242–244)
[8/9, 18, 20, 195–197]. Im Sinne des *Tagebuchs* (s. o.) dürfte diese
unnatürliche Situation (durch den Gefühlston der Ferne und des
Darüber) die Entfremdung vom Natürlichen anzeigen. Beim letzten Flug kommt sie Faber schmerzlich zu Bewußtsein: „Wunsch,

auf der Erde zu gehen ... Nie wieder fliegen ... Alles geht vorbei wie im Film" usw. (242) [195].

Fabers unnatürliche, technisch hergestellte „Überlegenheit" findet ihr Pendant in seiner (häufigeren) räumlichen „Unterlegenheit":

„Wir lagen rücklings im Wasser ... ich blieb im Wasser, obwohl es mich plötzlich ekelte ... das faule Blinken der Sonne, ein Himmel voll Gemüse, wenn man rücklings im Wasser lag und hinaufblickte..." (63) [52]. Symptomatisch ist in dieser Szene die allgemeine Reglosigkeit („reglos" wird zweimal leitmotivisch wiederholt) der Natur und die Willenlosigkeit des in sie „eingebetteten" Ich – betont durch die Lage im Wasser („trübes und warmes Wasser, das stank", 63, [52]).

Eine vergleichbare Situation entsteht in Hannas Wohnung: „Ich weiß nicht, wie lange ich in jenem Bad gelegen habe ... Die Badewanne als Sarkophag" usw. (167/8) [136]. Die Erinnerung an die Via Appia schließt eine hinsichtlich der Perspektive ähnliche Situation ein: „Wie Sabeth über mir steht, beziehungsweise neben mir: Ihre Espadrilles, dann ihre bloßen Waden, ihre Schenkel, die noch in der Verkürzung sehr schlank sind: So stand sie, während ich auf der Erde lag, im Wind. Schlank und senkrecht, dabei sprachlos wie eine Statue" (141) [114–115].

Gemeinsam ist allen Passagen mit Vertikalblick (nach oben) die Starrheit, der immanente Todesbezug. Auch Sabeth wird gesehen wie eine Tote: „blaß wie Marmor", „sprachlos wie eine Statue"... Die erste weibliche Gestalt, die im Roman überhaupt auftaucht, wird schon in ähnlicher Perspektive gesehen: „Als ich wieder zu mir kam, kniete die dicke Negerin neben mir, Putzerin, die ich vorher nicht bemerkt hatte, jetzt in nächster Nähe, ich sah ihr Riesenmaul mit den schwarzen Lippen, das Rosa ihres Zahnfleisches..." (12) [11].

Bei der Begegnung mit Hanna liegt Faber in einem Hospitalbett (154) [125].

Der Blick vertikal nach oben verbindet sich mit einem Gefühl des Zeitstillstandes – „Plötzlich das Motorengeräusch! Ich stand gelähmt. Meine DC-4 nach Mexiko, sie flog gerade über uns hinweg, dann Kurve aufs offene Meer hinaus, wo sie im heißen Himmel sich sozusagen auflöste wie in einer blauen Säure – Ich sagte nichts.

Ich weiß nicht, wie jener Tag verging" (42) [35]. (Vgl. auch: „Ich weiß nicht, wie lange ich in jenem Bad gelegen habe" (167) [136]) Fast scheint es, als ob sich beim nicht „normalen" Blick in die Vertikale auch die Zeit „senkrecht" zum „normalen" Fluß stelle.

Der Vertikalblick verhindert im allgemeinen ein Erlebnis der beiden anderen räumlichen Dimensionen, so daß der Eindruck von Raumhaftigkeit nicht entstehen kann. Vor allem der Blick aus großer Distanz nach unten macht die Landschaft flächig (z. B. 21) [18]. Doch ergibt sich ein ähnlicher Effekt auch bei umgekehrter Blickrichtung und ausgesprochener Nahdistanz:

„Ihr Haar im knallblauen Himmel" (141) [114/115] ... Man hätte meinen können, es werde sich im Geäst der schwarzen Pinie verfangen ... Lippen, darüber schon die Wimpern" (141) [115].

Enträumlichung bewirkt nicht allein der Vertikalblick. Eine Staffelung der Dinge nach ihrer Nähe oder Ferne, wodurch sich erst Tiefenschärfe ergeben könnte, findet auch bei ‚Normalblick' so gut wie nie statt. Dementsprechend überwiegen in der Landschaftsdarstellung die Präpositionen „in", „mit", „über" bei weitem gegenüber „vor" oder „hinter". Wenn diese überhaupt vorkommen, so staffeln sie meist nicht Dinge im Raum, sondern verbinden Dinge mit Lichteindrücken oder Lichteindrücke miteinander. Dabei wird eher Scherenschnittwirkung als Raumtiefe erzielt: „die gezackten Felsen schwarz vor dem Schein des Mondes" (28) [24] oder „Wetterleuchten hinter einem Geflecht von schwarzen Bäumen" (42) [35]. Ebensowenig schafft ein Bild wie „Sonne hinter Milchglas" eine Vordergrund-Hintergrund-Beziehung.

Hingegen wird gerade in der Dschungellandschaft dem Fernen der Charakter des Fernen genommen: „während die Sonne bereits in den grünen Tabak sank" (64) [53] ... Als der Mond endlich in den Tabak sank" (65) (54). Die Sonne geht eigentlich nicht unter, sondern ermattet im Dunst" (45) [38]. Die stehenden Epitheta „schleimig" und „klebrig" rücken die Himmelskörper in den taktilen Nahbereich. Ähnlich wirkt: „der Himmel voll Gemüse" (63) [52] bzw. „Milchglashimmel" (52) [43].

Ein weiteres wesentliches Element der subjektiven Perspektive bilden die Details, an denen der Blick festhakt und die dann gleichsam in Nahaufnahme dastehen, übergroß in der Proportion zum räumlichen Zusammenhang, desorientierend in der Gesamtwirkung, – z. B.: „Ich sah ihr Riesenmaul mit den schwarzen Lippen, das Rosa ihres Zahnfleischs" (12) [11]. „...Ihr Riesenmaul, ihr Kruselhaar, ihre weißen und schwarzen Augen, Großaufnahme aus Afrika" (13) [12]. (14) [12] verfängt sich der Blick an den Hantierungen des Barmixers, der einen Martini herstellt, S.(10) [9] ist es das Apfelschälen wie S.(93) [76], S.(22) [19] und (23) [20] der Lunch auf den Knien: „das Übliche: Juice, ein schneeweißes Sandwich mit grünem Salat..."

Immer hat der Detailblick eine negative Komponente: Er bewirkt Nicht-Überblick in bezug auf das Ganze, da er das Blickfeld auf einen winzigen Ausschnitt einengt. Eine Kompensation durch vor- oder nachgeschalteten Gesamtüberblick fehlt meist. Vereinzelt wird sogar ein Mangel an Überblick ausdrücklich vermerkt: „die dicke Negerin neben mir, Putzerin, die ich vorher *nicht bemerkt* hatte, jetzt in nächster Nähe" (12) [11].

Insgesamt läßt sich der desorientierende Detailblick als eine optische Entsprechung eines zentralen Motivs betrachten: des Motivs ‚Nichtwissen' bzw. ‚Vergessen'.

Da das Ich vorwiegend als unbewegt erscheint, da Bewegung im Wahrnehmungsraum eher die Ausnahme als die Regel ist, müßte der Eindruck einer überwältigenden Statik entstehen, wenn diese nicht in unregelmäßigen, aber meist dicht aufeinanderfolgenden Abständen von ruckartigen Bewegungen durchbrochen würde, die durch die sprunghaften Änderungen der Blickeinstellung hervorgerufen werden. Im allgemeinen gilt die jeweilige Einstellung für die Dauer eines Kurzabschnitts bzw. eines isolierten Kurzsatzes.

Der Blickwechsel hat z. T. die Form eines alternierenden Hin und Her, etwa zwischen einer dritten Person und dem Ich (10, 75, 144/45, 155, 156) [9, 63, 117/118, 126, 127] oft in Verbindung mit Wechselrede oder einseitigem Dialog. Vorherrschend jedoch ist ein regelloser Wechsel zwischen disparaten Wahrnehmungsobjekten – z. B. gleich auf der zweiten Textseite (8) [7/8]:

Abschnitt 1: Blick von drinnen nach draußen

Kurzsatz 1: Ein (wahrscheinlich akustisches) Detail im Innenraum

Abschnitt 2: Der Passagier aus Düsseldorf

Kurzsatz 2: Gefühlswahrnehmung, die sich auf den Flug bezieht

Abschnitt 3: erster Kontakt mit dem Düsseldorfer (dieser Abschnitt enthält ausnahmsweise – 9 [8] oben – einen Blickwechsel).

In der 2. Station folgen die Blickwechsel im Text noch dichter aufeinander (z. B. in der Habanaszene 215 ff., [172 ff.]). Die Knappheit der Darstellung bei wechselnder Blickrichtung führt im Extremfall zu möglichen Mißverständnissen in der Beziehung von Personal- und Possessivpronomen:

„Ihre (Juanas) Unbefangenheit.

Sie hat Cuba noch nie verlassen –

Das ist erst mein dritter Abend hier, aber alles schon vertraut: die grüne Dämmerung mit Neon-Reklame darin, die Eisverkäufer, die gescheckte Rinde der Platanen, die Vögel mit ihrem Zwitschern und das Schattennetz auf dem Boden, die rote Blume ihrer Münder. Ihr Lebensziel: New York!

Der Vogelmist von oben –

Ihre Unbefangenheit:" (223/224) [179]

„Ihre Unbefangenheit" und „Ihr Lebensziel" meint Juana, „ihre Münder" bezieht sich auf die Kubaner(innen) allgemein (und nicht, wie es die Syntax strenggenommen verlangt, auf die „Vögel").

Der Wechsel von statischem Verharren und sprunghafter Veränderung, der verfremdende Vertikalblick, der weitgehende Ausfall der dritten Dimension, der Wechsel von Distanz- und Detailblick, schließlich auch das abrupte Hin und Her zwischen extremen Schauplätzen vermitteln das Raumgefühl der Desorientiertheit, das als Ausdruck der inneren Verfassung zu sehen ist.

6
Zeit- und Erzählstruktur

6.1
Chronologie und Erzählfolge

6.1.1
Die Chronologie als Erzählproblem

War für die nachromantische deutsche Epik des neunzehnten Jahrhunderts weitgehend der chronologisch-historisch angelegte Roman charakteristisch, so gilt als Kennzeichen moderner Epik die Aufhebung der Chronologie und die Problematisierung der Zeit überhaupt. Gewiß hat schon Homer in der Ilias durch Rahmenbau und epische Rückblenden die Chronologie durchbrochen, gewiß gab es im Mittelalter neben dem ‚ordo naturalis‘ (‚natürliche Zeitfolge‘) den ‚ordo artificialis‘ (‚künstliche Zeitfolge‘) – aber nie als notwendigen Ausdruck innerer Befindlichkeit, sondern als Kunstgriff, der zur Auflockerung des Stoffs und zur Erzeugung von Spannung diente.

Musil erklärt im *Mann ohne Eigenschaften* die Not der modernen Erzähler mit der Chronologie: „…Das Gesetz des Lebens, nach dem man sich sehnt, überlastet und von Einfalt träumend … (ist) kein anderes als das der erzählerischen Ordnung. Es ist die einfache Reihenfolge alles dessen, was in Raum und Zeit geschehen ist … Wohl dem, der sagen kann ‚als, ehe, nachdem‘. Es mag ihm Schlechtes widerfahren sein, oder er mag sich in Schmerzen gewunden haben: sobald er imstande ist, die Ereignisse in der Reihenfolge ihres zeitlichen Ablaufs wiederzugeben, wird ihm so wohl, als schiene ihm die Sonne auf den Magen" (*Mann ohne Eigenschaften, 650*).

Auch Frisch ist (zumindest seit dem *Stiller*) das ‚als, ehe, nachdem‘ abhanden gekommen. Allerdings muß das nicht die gleichen Ursachen haben wie bei Musil. Für Musil ist es das „Weltchaos", das ein „ordentliches Nacheinander" unmöglich macht, da sich „die Welt in einer unendlich verwobenen Fläche" ausbreitet (a.a.O., 665).

Der Zerfall der Chronologie erfolgt bei Frisch in zwei Phasen: Die erste Phase ist gekennzeichnet durch eine gleichsam poetische Verwandlung des Nacheinander in eine lyrisch getönte sub-

jektive Gleichzeitigkeit im Sinne des *Tagebuchs I:* „Die Zeit? Sie
wäre damit nur ein Zaubermittel, das unser Wesen auseinander-
zieht und sichtbar macht, indem sie das Leben, das eine Allge-
genwart alles Möglichen ist, in ein Nacheinander zerlegt; allein
dadurch erscheint es als Verwandlung, und darum drängt es uns
immer wieder zur Vermutung, daß die Zeit, das Nacheinander,
nicht wesentlich ist, sondern scheinbar, ein Hilfsmittel unserer
Vorstellung, eine Abwicklung, die uns nacheinander zeigt, was eigentlich ein Ineinander ist, ein Zugleich, das wir allerdings als
solches nicht wahrnehmen können, so wenig wie die Farben des
Lichts, wenn sein Strahl nicht gebrochen und zerlegt ist.

Unser Bewußtsein als das brechende Prisma, das unser Leben
in ein Nacheinander zerlegt, und der Traum als die andere Linse,
die es wieder in sein Urganzes sammelt; der Traum und die Dich-
tung, die ihm in diesem Sinne nachzukommen sucht". –[16] (Tgb. I,
20).

Diese traumhafte Überführung des Nacheinander in Allgegen-
wart bestimmt z. B. das Zeitgefühl und die Zeitstruktur in *Santa
Cruz* und in *Bin*.

In der Endfassung des *Stiller* (–der übrigens in seiner nicht fer-
tiggestellten Erstfassung chronologisch angelegt war–) erscheint
die Chronologie radikal annulliert, und zwar nicht mehr im Sinne
einer lyrischen Omnipräsenz, sondern als erzählerische Konsequenz des Identitätsverlusts. Im *Gantenbein* setzt sich dieser Auf-
lösungsprozeß weiter fort: Das „Ich" wird prismatisch in eine
Vielzahl von „Rollen" gebrochen, die „Geschichte" zerfällt in
„Geschichten" ohne erkennbaren zeitlichen Zusammenhalt.
Während für Musil der Zerfall der Chronologie im „Weltchaos"
begründet liegt, so scheint er bei Frisch mehr durch die Problematik des „Ich" bedingt zu sein.

6.1.2
Sukzessions- und Kontinuitätsbrechung in der Makrostruk-
tur des „Homo faber"

Der *Homo faber* nimmt hinsichtlich der Zeitstruktur unter den
Werken Frischs eine gewisse Sonderstellung ein: Im Gegensatz
zu allen anderen Werken wird im *Homo faber* besonderer Wert
auf exakte Zeitangaben in Form von Daten gelegt. Alle wesentlichen Ereignisse des entscheidenden Zeitraums vom 1. 4. 1957 bis

Ende August 1957 werden mit Daten belegt. Fabers letzte Nacht wird sogar in Stunden und Minuten gemessen.

Dieses Bemühen des ‚Berichterstatters' Walter Faber kann als Versuch verstanden werden, sich im Sinne Musils an einen äußeren Orientierungsrahmen zu klammern. Aber da die verschiedenen Zeitebenen der Aufzeichnungs- und der Erlebniszeit so vielfältig ineinander verkeilt sind, verschärft sich eben durch das Chaos der Daten der allgemeine Eindruck der Desorientiertheit. Der kurzschrittige Wechsel der Zeitebenen führt beispielsweise dazu, daß auf S.(214) [172] der Tod des Professor O. mitgeteilt wird, auf S.(240) [193] Professor O. jedoch wieder auf der Szene erscheint. Auf den Leser wirkt das wie eine Zeitumkehrung. In diesem Fall ist die Zeitumkehrung durch den Wechsel der Ebenen motiviert, in einem anderen Fall findet sie sogar innerhalb einer Ebene statt (83–115) [68–94] und (151–194) [123–158]. In allen Fällen betrifft die Zeitumkehrung in der Erzählfolge die Darstellung besonders unangenehmer und verhängnisvoller Ereignisse: die Rückfahrt durch den tropischen Dschungel (83) [68/69], das Bild des toten Freundes (102) [84], die Inzestnacht (151–153) [123/124], die Zeit vom Augenblick des Unfalls bis zu Sabeths Einlieferung ins Krankenhaus (156–160) [126–130], den Hergang des Unfalls (192–194) [156–158].

Es scheint, als ob die Erinnerung immer wieder die schlimmsten Erlebnisse überspringen wolle, um dann doch zwanghaft zu ihnen zurückzukehren. Am augenfälligsten wird das in der Unfalldarstellung: Sie erfolgt in drei Rückblenden aus eintägigem Erlebnisabstand. Im Gegensatz zur chronologischen Reihenfolge wird dabei das zentrale Ereignis ganz auf den Schluß verdrängt. Diese psychologisch motivierte Erzählfolge bildet zugleich eine Klimax. Außerdem wird so die Darstellung der Katastrophe in engste erzählerische Beziehung zur Wiedergabe des äußersten Glücksmoments (–Sonnenaufgang auf Akrokorinth–) gebracht. Durch diese Verdichtung gelingt es, die Ambivalenz des Lebens auf suggestive Art spürbar zu machen.

Selbst die stark gerafften Nachholberichte über Hannas Jugend und ihr Schicksal nach der Trennung von Walter Faber sind chronologisch ungeordnet. Die zeitlich am weitesten zurückliegenden Ereignisse werden z.B. an vorletzter Stelle (227) [182] mitgeteilt.

Entscheidend für die Reihenfolge ist in der Regel nicht die Chronologie des Geschehens, sondern der psychische Prozeß – sei es der Verdrängung oder aber der Erinnungs-Assoziation: So veranlassen z. B. Herberts Mitteilungen über Hanna und Joachim Faber zu Erinnerungen an seine Zeit mit Hanna (39) [33]. Erinnerungen bestimmen in ihrer assoziativen Abfolge nicht nur die Erzählfolge, sondern z. T. auch Fabers Handlungen. Die Reise zu Joachim läßt erkennen, daß Faber hier seinen Erinnerungen ‚nachgeht‘ – ebenso die spätere zweite Reise in den Dschungel. Als Faber auf dem Schiff Sabeth kennenlernt, ist er innerlich schon auf dem Rückweg zu Hanna: „Wäre Hanna auf Deck gewesen, kein Zweifel, ich hätte sie sofort erkannt. Ich dachte: vielleicht ist sie auf Deck! und erhob mich, schlenderte zwischen den Decksesseln hin und her, ohne im Ernst zu glauben, daß Hanna wirklich auf Deck ist. Zeitvertreib! Immerhin (ich gebe es zu) hatte ich Angst, es könnte sein…" (96) [78/79]. Sabeth weckt in ihm Erinnerungen an Hanna, und indem er diesen nachgeht, verirrt er sich zu Sabeth.

Die Aufhebung der Chronologie geht zusammen mit einer außerordentlichen Sprunghaftigkeit in der Erzählfolge. Der Erzähler springt gewissermaßen von Plateau zu Plateau, ohne den zeitlichen Zwischenraum erzählend aufzufüllen. Das gilt für die Makrostruktur (was sich an den Daten ablesen läßt) wie für die temporale Mikrostruktur (vgl. 5.3). Diese Sprunghaftigkeit ist im *Homo faber* nicht nur ein Charakteristikum der Erzählfolge, sondern auch der Ereignisstruktur und der Persönlichkeit des Helden: Wenn z. B. Faber trotz der retrospektiven Gesamthaltung des „Berichts" über sein Leben vor dem 24. 3. 57 mit Ausnahme einiger summarischer Angaben über die Zeit mit Hanna so gut wie nichts mitteilt, hat der Leser unwillkürlich den Eindruck, daß Faber in dieser Zeit nichts erlebt hat, weil er zum „Leben" im Sinne der „Verfügung für den Todesfall" noch nicht gekommen ist. Erst Fabers Todesbewußtsein schafft die Bedingung des existentiellen Lebens (vgl. 2.6 und 3.3.4). In dem Maß, in dem das Todesbewußtsein wächst, intensiviert sich auch das Zeiterleben. Das kommt in den Zeitangaben der letzten Nacht deutlich zum Ausdruck: Während die Datierung im Bericht zum Teil zeitliche Lücken von Wochen überspringt, mißt Faber angesichts des Endes seine Lebenszeit nach Stunden und Minuten.

6.2
Handlungseinheiten – integrative Erzählelemente

Sieht man von der Vielzahl der mikrostrukturellen Zeitsprünge einmal ab, so lassen sich aufs Ganze gesehen fünf (allerdings ungleichwertige und z.T. nur fragmentarisch ausgebildete) Ebenen der Zeit und der Erzählung unterscheiden.

1. *Die Zeit vor dem 24.3.57:* Sie wird nur in stark gerafften Rückwendungen „berichtet".

2. *Die Ebene der Erzählergegenwart in der I. Station* (= Krankenaufenthalt in Caracas, 21.6. bis 9.7.57). Vorgänge in dieser Ebene werden nicht erzählt. Sie ist erzählerisch nur indirekt nachweisbar: Erzählerreflexionen, Rückwendungen und Vorausdeutungen des Erzählers geschehen von dieser Ebene aus.

3. *Vergangenheit des Erzählers* (vom zeitlichen Standpunkt der 1. Erzählergegenwart – Caracas – aus), die den Erlebniszeitraum 24.3. bis 4.6.1957 umfaßt.

4. *Erzählergegenwart der 2. Station:* Aufenthalt im Athener Krankenhaus vom 19.7.57 bis zum Operationstag (und vermutlichen Todestag) irgendwann Ende August 57. Im Gegensatz zur Erzählergegenwart der 1. Station ist die der 2. Station direkt erzählerisch ausgestaltet. Ein Teil der kursiv gedruckten Passagen bezieht sich auf sie. Der Rest der kursiv gedruckten Passagen enthält Rückwendungen auf Ebene 1.

5. *Erzählervergangenheit der 2. Station.* Sie umfaßt den Erlebniszeitraum vom 8.6. bis zum 16.7.57. Sie schließt also auch noch die letzten beiden Wochen vor Beginn der Aufzeichnungen in Caracas und die Zeit in Caracas – als Vergangenheit – ein.

Unter dem Aspekt des Aktionsreichtums kann man die Ebenen 3 und 5 gewissermaßen als „Haupthandlung" zusammenfassen. Abgesehen von den Rückwendungen auf Hannas Vergangenheit hat der Roman nur einen einzigen „Handlungsstrang", der allerdings vielfach gebrochen oder verschlungen erscheint. Die „Haupthandlung" (24.3.–16.7.57) läßt sich in 3 Phasen aufgliedern:

1. Phase: S.7–83 [7–68] / Reisen in Amerika (New York–Mexiko–Guatemala–New York) / vorherrschende Thematik: Antagonismus Mann-Technik contra Weib-Natur auf der äußeren Ebene / Abschluß dieser Phase: Trennung von Ivy.

2. Phase: S.84–197 [69–160] / Europareise (Schiffsaufenthalt–Paris–Italien–Griechenland) / Thematik: Begegnung mit Sabeth –

Vorbereitung des inneren Umbruchs / Abschluß der Phase: Sabeths Tod.

3. Phase: S. 201–246 [161–198] / 2. Amerikareise und endgültige Rückkehr nach Europa (New York–Caracas–Guatemala–Cuba–Düsseldorf–Zürich–Athen) / Thematik: Innerer und äußerer Zusammenbruch der Faber-Existenz – Hinwendung zu einer neuen Lebensauffassung angesichts des Todes / Ende der Phase: Fabers Tod.

Die Aufsplitterung der Handlung in verschiedene Erzählebenen, Rückwendungen, Vorwegnahmen bzw. Vorausdeutungen hat paradoxerweise auch einen integrativen Aspekt: Zwar wird die Chronologie zerstört, aber gerade dadurch wird eine umso stärkere perspektivische Verklammerung der Einzelelemente möglich. Im folgenden soll das Geflecht der Vorausdeutungen und Rückwendungen in seiner textkonstituierenden Funktion aufgezeigt werden. Dabei wird die 1. Phase detailliert analysiert, die 2. und die 3. Phase werden nur summarisch abgehandelt.

Der 1. Handlungsabschnitt der 1. Phase – Start und Flug bis zur Notlandung (7–25) [7-21] enthält vorwiegend kurzschrittige, z. T. relativ bestimmte Vorausdeutungen, die sich zunächst auf das zentrale Ereignis dieses Abschnittes, die einmontierte Schlagzeile: „First Pictures Of World's Greatest Air Crash In Nevada" (7) [7] beziehen, Hinweis auf die Gefahr eben durch das Dementi: „There is no danger at all" (18) [16]. Das punktuelle Versagen der Technik kann wiederum als Vorausdeutung auf das Versagen der technischen Lebenskonzeption insgesamt aufgefaßt werden. Dieser Eindruck verdichtet sich allerdings erst, wenn zu diesem ersten Versagen weitere Fälle hinzukommen, die in die gleiche Richtung weisen.

Neben diesem Vorausdeutungskomplex enthält der erste Abschnitt atmosphärisch unbestimmte Andeutungen, die weiter in Vergangenheit und Zukunft ausgreifen: das auffällige, weil vorläufig unerklärliche Interesse für den an sich ganz unauffälligen Deutschen (der sich später als Bruder des Jugendfreundes Joachim Hencke entpuppt) und das Bündel kaleidoskopisch ungeordneter Trauminhalte (17/18) [15, 16]. Die hierin enthaltenen Motive (Nacktheit, Verbindung zu dem Düsseldorfer und Prof. O.) kann der Leser zunächst noch nicht in ihrer Bedeutung durchschauen, obwohl er das Gefühl hat, daß ihnen eine Bedeutung zukommt. Lediglich der Zahnausfall – ein allgemeinverständliches Symbolmotiv – wird vom Leser hier schon – in Zusammenhang mit dem Ohnmachtsanfall in Houston (12) [11] auf Krankheit und Tod bezogen. Eine weitere sehr unbestimmte Vorausdeutung liegt in dem unerklärlichen Verhalten Fabers, der seinen Flug zu versäumen versucht, aber von der Stewardeß „verhaftet" wird. Der Vergleich „ich ging wie einer, der vom Gefängnis zum Gericht geführt wird" (16) [14] deutet an, unter welchem Aspekt das kommende Geschehen zu betrachten ist.

Dieser Eindruck wird durch die Haltung bestärkt, die Faber in der Reflexion einnimmt, die den 2. Handlungsabschnitt (Aufenthalt in der Wüste (25–39) [22–33]) einleitet: Das „ich gebe zu" (25) [22] verrät, daß sich Faber als Angeklagter fühlt. Insgesamt bringt dieser 2. Abschnitt eine Reihe detaillierter Rückwendungen und deutlicherer Verweise auf die Zukunft, ohne daß allerdings die entscheidenden Zusammenhänge klar werden. Durch die Bekanntschaft mit Herbert Hencke kommt die Rede auf Joachim Hencke und Hanna. Durch Fabers Reaktion wird ersichtlich, daß Hanna ihm viel bedeutet. Der Traum „Hanna als Krankenschwester zu Pferde" (35) [29] deutet auf eine spätere Situation hin: Hanna am Krankenbett Fabers („Hanna in Weiß" – (227) [182]). Die groteske Zuordnung Hannas zum Pferd zeigt an, daß Faber unbewußt Hanna zum nicht-technischen kreatürlichen Bereich in Beziehung setzt (während sich Faber immer technischer Vehikel bedient). Ja, wenn man C. G. Jung folgt, gehört das „Pferd, welches schon im platonischen Gleichnis die Ungebärdigkeit der Leidenschaftsnatur ausdrückt" (C. G. Jung: Bewußtes und Unbewußtes. Fischer TB 175, 45), zu den archetypischenTraumbildern des unbewußten Lebens, d. h. der Anima. Diese Bedeutung kann, wie sich im Verlauf des „Berichts" herausstellt, dem Bild auch in diesem Text zukommen.

Zu Beginn des 2. Handlungsabschnitts fällt auch zum erstenmal der Name Sabeth. Man erfährt, daß sie sterben wird und daß dieser Tod in irgendeinem ursächlichen Zusammenhang mit Fabers Verhalten stehen muß.

Der 3. Abschnitt der 1. Phase – die Dschungelreise – enthält eine Reihe von Todesvorausdeutungen (vgl. 3.3.4), die einmal auf den Tod Joachims bezogen werden können, zum andern aber auch – ebenso wie Joachims Ende – auf Fabers Schicksal hindeuten. In die Dschungelszene ist die ausführlichste Rückblende des ganzen Romans eingeschaltet (55–59) [45–49]. Sie bezieht sich auf die Zeit mit Hanna vor 21 Jahren, und zwar vor allem auf die Situation, da Hanna Walter Faber mitteilt, daß sie schwanger ist. Ein weiterer Nachtrag (68/69) [56/57] bezieht sich auf die Standesamtsszene und Hannas Ehe mit Joachim.

Hier ist ein kurzer Exkurs über die Funktion der Hencke-Handlung notwendig: Beide Henckes gehören dem gleichen Typus an wie die Hauptfigur: Beide haben eine rational-technische Lebenseinstellung. Joachim ist zur Abtreibung bereit wie Faber. Das Unternehmen, im Dschungel eine Plantage anzulegen, ähnelt Fabers Entwicklungshilfe-Projekten. Schließlich spielen beide – wie Faber – mit Vorliebe ein Intellektuellen-Spiel: Schach. Beide scheitern im Kampf gegen die Natur. Joachims Selbstmord erscheint dabei als tragische Variante, Herberts Verwilderung hat eher groteske Züge. Joachims Tod geht Walter Faber sehr nahe. Immer wieder überfällt ihn die Erinnerung an das Bild des Erhängten. Herbert hat nicht das Format seines Bruders. Die anfängliche Antipathie Fabers gegen ihn ist daraus zu erklären, daß Faber in ihm unbewußt ein Zerrbild seines eigenen Typus sieht: Die Flachheit seiner klischeehaften nationalistischen Vorstellungen erinnert an die Flachheit der technoiden Weltvorstellung Fabers in variierter Form. Seine Lebensperspektive: „Die Zukunft der deutschen Zigarre" (17) [15] entspricht Fabers allgemeiner Zukunftsorientiertheit: „gewohnt, voraus zu denken, nicht rückwärts zu denken, sondern zu planen" (111) [91]. Herbert unterwirft sich dem Dschungel. Faber versucht, diese Kapitulation durch allerhand Hilfsmaßnahmen rückgängig zu machen (vgl. 3.3.4), jedoch ohne Erfolg.

Insgesamt betrachtet bilden die beiden Hencke-Geschichten präfigurierende Parallelfälle zu Fabers Schicksal. Trotzdem wachsen sie sich nicht zu epischen Digressionen im Stile der *Stiller*-Geschichten aus, sondern bleiben eng an die Haupthandlung gebunden.

Die bisher behandelten drei Abschnitte sind – nicht nur von der äußeren Handlung her – relativ eng mit dem folgenden Abschnitt, dem Aufenthalt in New York, verbunden. Die Verklammerung besteht unter anderem in der weiblichen Bezugsperson Ivy, mit der sich Faber in dieser ersten Phase immer wieder auseinandersetzt (1. Hinweis schon auf der ersten Seite des Berichts, Abschiedsbrief aus der Wüste, Begegnung und endgültiger Abschied in New York). Die aus Fabers Perspektive vorhandene Beziehung der Gestalt Ivys zur Dschungelnatur kommt in symbolischen Andeutungen zum Ausdruck. Der Anblick der tropischen Sümpfe veranlaßt Faber zu der Bemerkung: „wässerig, wie die Augen von Ivy" (21) [18] und „Lippenstiftrot" (20) [18]. Wie sich aus dem weiteren Kontext ergibt, ist die Farbe Rot speziell Ivy zugeordnet. Ivy ihrerseits erinnert durch ihr „Kolibri-Hütchen" (82) [68] rückwirkend an den Dschungel und die indianische Wirtin („Ihre Haare erinnern an Gefieder: schwarz mit einem bläulich-grünen Glanz darin", 48 [40]). Die Verklammerung wird schließlich auch erzähltechnisch verstärkt. Indem Faber die Rückkehr aus dem Dschungel zunächst ausspart, sie dann nach der Ivy-Szene bringt, wird die Ivy-Handlung gleichsam in die Dschungelszene einbezogen.

Innerhalb der Ivy-Handlung gibt es nur zwei Vorausdeutungen: zum einen den komisch-ernsten Hinweis auf Fabers „kurze Lebenslinie" (74) [61] und zum andern – als Mitteilung aus der Ebene der Erzählergegenwart – die Information, daß die Person namens Sabeth, deren Tod schon angekündigt worden war, Fabers Tochter ist (– was Faber innerhalb der Ebene der erzählten Zeit noch nicht weiß).

Mit der Trennung von Ivy ist die erste Phase, die Walter Faber noch völlig im Zustand der technoiden Natur- und Selbstentfremdung zeigt, beendet.

Die 2. Phase steht im Zeichen der Begegnung mit Sabeth; sie umfaßt vier Handlungsabschnitte:

1. Schiffsreise (84–117) [69–96]
2. Parisaufenthalt (117–130) [96–106]
3. Italienreise einschließlich Avignonszene (130–153) [106–125]
4. Handlung in Griechenland (153–197) [125–160]

Während sich in den ersten drei der genannten Abschnitte die Reihe der Vorausdeutungen mit zunehmender Eindringlichkeit fortsetzt (Komet-110 [90], Begegnung mit Williams-117 [96], Spiegelszene-120 [98], Prof. O.-125 [102], Erinnye-136 [111], Grabmal-139 [113], Mondfinsternis am 13.5.-152 [123/124]), ist der 4. Abschnitt frei davon: Er bringt die Katastrophe; der Erzähler hat hier nicht so viel inneren Spielraum, um Assoziationen zu

86

entwickeln, die über dieses Ereignis hinausführen. Die innere Erschütterung des Erzählers macht sich zudem in der chaotischen Zeitstruktur dieses Handlungsabschnitts bemerkbar (vgl. 6.1.2)

Die 3. Phase der „Haupthandlung" umfaßt die gesamte Erzählervergangenheit der 2. Station. Hier verdichten sich – entsprechend der realen Situation Fabers – die Vorausdeutungen auf den baldigen Tod Fabers (vgl. 3.3.4). Außer durch diese Vorausdeutungen ist die 3. Phase durch Rückwendungen gekennzeichnet, die sich (mit Ausnahme der letzten -249 ff.) [200 ff] jetzt nicht mehr auf weit zurückliegende Zeiten, sondern auf die Zeit vom 1.4.57 an – und hier besonders auf die 2. Phase – beziehen.

Hinzu kommt, daß die Handlung an sich weitgehend eine Hinwendung zur Vergangenheit darstellt (vgl. 6.4.2). Die Filmvorführung in Düsseldorf (230–238) [185–191] bildet eine zusammenfassende bildhafte Rückblende auf die wesentlichen Stationen auf Fabers Lebensweg seit Beginn der Haupthandlung im März 57. Die einzige nicht vorwiegend rückwärtsgewandte Passage in der 3. Phase der Haupthandlung ist die Habana-Szene (215–227) [172–182], der vom Inhalt (Hinwendung zum bewußten „Leben") und von der angesprochenen zeitlichen Orientierung her eine herausragende Stellung zukommt.

6.3
Die zeitliche Mikrostruktur

6.3.1
Asyndetische Kurzsätze

Die Sprunghaftigkeit der Erzählfolge im Bereich der Mikrostruktur spiegelt sich schon äußerlich in dem ungewöhnlich zerklüfteten Druckbild. Lediglich die stark gerafften Nachholberichte, die sich auf das Geschehen vor 20 Jahren beziehen, und die wenigen Passagen der „2. Station", die sich auf die Erzählergegenwart beziehen, sind davon ausgenommen.

In der Hauptebene hingegen ist der Text in eine ungeordnete Folge von Kurzabschnitten, isolierten kurzen Einzelsätzen und satzlosen Nominalfügungen aufgesplittert.[17]

Vor allem die isolierten Kurzsätze, die von Attributen und Adverbialen fast frei sind und weder durch Konjunktionen noch durch verbindende deiktische Adverbien oder Pronomina mit dem Kontext in Verbindung stehen, fallen ins Auge. Geulen (a.a.O., 89) hat versucht, ihre Funktion vom Inhalt her zu erfassen. Er behauptet, wenn man diese Kurzsätze aus dem Kontext löse und aneinanderreihe, ergebe sich eine Inhaltsangabe des Romans im Telegrammstil. Daß dem nicht so ist, läßt sich leicht nachprüfen. Der Sinn eines solchen Telegrammromans im Roman wäre auch schwerlich einzusehen. In Wirklichkeit haben die Kurzsätze keine inhaltlich definierbare Gemeinsamkeit, sondern eine gemeinsame strukturelle Funktion: Sie wirken als Unterbrechung des Zeit- und Erzählflusses. Durch den freibleibenden Zeilenraum, der sie umgibt, werden Pausen geschaffen – besonders spürbar, wenn ein Gedankenstrich statt eines Punkts am Satzende steht. In diesen Pausen schwingt Unausgesprochenes und Unaussprechbares weiter – z. B. in der Filmszene (235–238) [189–191]:

Die gleiche Wirkung geht auch von Kurzsätzen mit abschließendem Punkt aus. In der Pause hinter dem letzten Satz der erwähnten Filmszene z. B. – „Nur die Filme ließ ich zurück" (238) [191] folgt statt einer Erklärung des „Warum?" ein sprechendes Schweigen. In vielen Fällen suggeriert die Pause das Gefühl der nur zähflüssig vergehenden oder geradezu stehenden Zeit.

Der nach der jeweiligen Pause folgende Text wirkt in zeitlicher Hinsicht als Neuansatz. So entsteht der Eindruck der zeitlichen Diskontinuität. Mit dem Neuansatz ist oft eine Änderung der Blickrichtung (oder allgemeiner: der Aufmerksamkeitsrichtung) verbunden. Dadurch wird der Eindruck der Unstetigkeit verstärkt.

6.3.2
Asyndetische Abschnittsanfänge

Die mit den Kurzsätzen korrespondierenden Kurzabschnitte – Satzkonglomerate z. T. von chaotischer syntaktischer Struktur – werden ebenfalls asyndetisch eingeführt. Bis zur Seite 50 [42] beginnen insgesamt nur sechsmal Abschnitte mit Konjunktionen oder Adverbien, die eine zeitliche Sukzession ausdrücken („dann" u. ä.) Weitere sieben Zeitadverbien signalisieren einen Zeitsprung (z. B. „später"), zweimal wird Dauer angezeigt („tagelang", „stundenlang"). Einleitende Gliedsätze oder andere Formen der logischen Verknüpfung fehlen fast völlig am Abschnittsanfang. Meist beginnen die Kurzsätze und die Kurzabschnitte stereotyp mit einem Hauptsatz-Subjekt.

Nur wenige Passagen der zeitlichen Hauptebene sind nicht in Kurzsätze und Kurzabschnitte aufgesplittert, es handelt sich um bildhafte Szenen, die als Einheit empfunden werden; z.B. Nacht und Morgen auf Akrokorinth (184–187) [150–152], die letzte Nacht auf Kuba (225/226) [180/181] u.ä.[18]

6.3.3
Zeitliche Funktion der syntaktischen Komplexität

Die Binnenstruktur der Kurzabschnitte weist ebenfalls charakteristische Merkmale auf. Sie sind syntaktisch komplexe Gebilde, die der Interpunktion des Autors zufolge oft aus einem einzigen langen „Satz" bestehen – der grammatisch betrachtet eine Reihe von Haupt- und Gliedsätzen enthält, in die dazu syntaktisch nicht zu klassifizierende Fügungen eingelagert sind (vgl. 4.2.3).

Die Syntax korrespondiert mit der Zeitstruktur: Innerhalb der Kurzabschnitte herrscht Simultaneität vor. Ein besonders deutliches Beispiel dafür bietet die Wiedergabe des Traumes (17/18) [15/16]. Das Simultaneitätsschema findet sich aber durchaus auch in weniger wichtigen Passagen, z.B. wenn Faber den Barmixer beobachtet:...„mit dem Daumen hält er das Sieb vor dem silbernen Mischbecher, damit kein Eis ins Glas plumpst, und ich legte meine Note hin, draußen rollte eine Super-Constellation vorbei" (14) [12]. Daraus resultiert ein Zug zur zeitlichen Statik innerhalb des Abschnitts. Manchmal wird ein wesentlicher Vorgang in einen Nebensatz abgedrängt, dem ein Hauptsatz zuständlichen Inhalts übergeordnet wird; statt zu sagen: „Plötzlich setzte der linke Motor aus", formuliert der Erzähler: „Es war der Motor links, der die Panne hatte" (18) [16].

Ähnlich die Darstellung des zweiten Motordefekts: „Als kurz darauf, wir erhielten gerade unseren Lunch, mein Düsseldorfer und ich, das Übliche: Juice, ein schneeweißes Sandwich mit grünem Salat – plötzlich ein zweiter Motor aussetzte, war die Panik natürlich da, unvermeidlich, trotz Lunch auf dem Knie" (22) [19].

Die Tendenz des Vorgangs zur Sukzession wird übrigens hier durch doppelte Gleichzeitigkeit (Motorausfall – Lunch, Motorausfall – Panik) kompensiert.

Die Notlandung wird folgendermaßen eingeleitet: „Plötzlich war unser Fahrgestell neuerdings ausgeschwenkt" (24) [20] -statt „...wurde ausgeschwenkt"!

Derartige Abschnittanfänge, die gleich den Zustand voraussetzen und nicht den Vorgang wiedergeben, der diesen Zustand zur Folge hat, sind nicht selten. Auffällig z.B. (154) [125]: „Plötzlich liege ich mit offenen Augen" (statt etwa: „Plötzlich erwachte ich").

Öfter wird der Vorgangscharakter einer Szene abgeschwächt, indem das Wesentliche der Handlung titelartig vorweggenommen wird: „Es war mein erster Heiratsantrag" (108) [88].[19]

Vor allem wird Statik erreicht durch Unterdrückung oder Zurückdrängen des „Zeitworts" als des primären Ausdrucksträgers aller Zeitbewegung.

Die Kurzabschnitte sind relativ arm an verbalen und reich an nominalen Bestandteilen.

Appositionen, nachgestellte Attribute oder Ortsadverbien lassen das Vorgängige des Prädikats (an zweiter Satzstelle) vergessen und den Satz (zeitlich) offen ausklingen. Hinzukommt, daß sehr oft Zustandsverben bzw. Hilfsverben oder verba sentiendi an der Bildung des Prädikats beteiligt sind.

Der Bezug der nominalen Elemente zum Prädikat lockert sich: „...hier ist alles unverändert: Die klebrige Luft – Geruch von Fisch und Ananas – Die mageren Hunde – Die toten Hunde, die niemand bestattet, die Zopilote auf den Dächern über dem Markt, die Hitze, der flaue Gestank vom Meer, die filzige Sonne über dem Meer, über dem Land blitzte es aus schwarzem Gewölk bläulich-weiß wie das zuckende Licht einer Quarzlampe" (206) [165].

Man kann die Impressionen als satzlos auffassen oder als Wiederaufnahme des Subjekts „alles". Besonders in der 2. Station entfallen selbst solche angedeuteten syntaktischen Rahmen völlig, z.B. (225/226) [180/181].

Zum Teil wird das Verb nominal und satzfrei verwendet und damit entzeitlicht: (209) [167]: „Sein Grinsen" – (208) [168]: „Sein Grinsen im Bart" – (235) [188]: „Ihr Lachen, aber stumm" –

Die untergeordnete Rolle des „Zeitworts" wird in einem „Satz"-Muster sehr deutlich, das vor allem in der Filmszene auftaucht: Statt des Hauptsatzes steht eine Nominalfügung; der

Handlungsanteil wird in den Nebensatz abgeschoben, der von diesem Nomen abhängig ist: „Sabeth, wie sie ihre Haare kämmt" (236) [189]. „Der junge Landstreicher mit dem Hummer, der sich bewegt" (238) [191]. „Mein Gesicht im Spiegel, während ich minutenlang die Hände wasche, dann trockne" (10) [9].

6.3.4
Tempus: Präteritum und Präsens

Der *Homo faber* ist z.T. im Präteritum, z.T. im Präsens gehalten. In der „1. Station" herrscht Präteritum vor, in der „2. Station" dominiert eher das Präsens. In beiden Stationen wechselt das Tempus häufig, z.T. sogar innerhalb eines einzigen Satzes.

Die Verwendung des Präteritums als konventioneller Erzählzeit bedarf keiner besonderen Untersuchung. Das Präsens hingegen verlangt eine differenzierte Bestandsaufnahme und Interpretation.

Am einfachsten ist das Präsens in den Reflexionspassagen zu verstehen. Reflexionen beanspruchen Allgemeingültigkeit und sind insofern dem Zeitfluß enthoben; ebendies signalisiert das zeitlose Präsens.

In den kursiv gedruckten („handschriftlichen") Passagen der „2. Station" drückt das Präsens die Erzählergegenwart aus; z.T. mag auch schon in der „1. Station" das Präsens der Reflexionspassagen als Hinweis auf die Gegenwart des Erzählers aufgefaßt werden, denn Faber reflektiert ja nicht von der Ebene der erzählten Zeit, sondern von dem Standort seiner Gegenwart aus.

Generell kann Präsens als Tempus der Beschreibung dienen, sofern der Sprecher das Objekt der Beschreibung ohne Rücksicht auf seinen Zeitbezug oder als ein überzeitlich Seiendes betrachtet. Dies gilt etwa für präsentische Landschaftsbeschreibungen bei Stifter. Beschreibendes Präsens kommt im *Homo faber* häufig vor, in der „2. Station" dominiert es geradezu. Aber im Unterschied zu dem erwähnten ‚objektiven' Deskriptionspräsens steht es hier in subjektiv präsenten Erinnerungsbildern. Nicht ihre überzeitliche Gegenständlichkeit enthebt diese Bilder der Vergängnis, sondern die subjektive Erinnerung. Der subjektive Charakter dieser präsentischen Bilder wird z.T. durch Einleitungsformeln wie „Ich werde nie vergessen..." oder „Ich sehe..." usw. unterstrichen.

In der ersten Hälfte des „Berichts" umfaßt das Bildpräsens
meist nur einige Zeilen und ist mit dem Handlungskontext
durch ein Rahmenprädikat im Präteritum verbunden: „Zweiundvierzig Passagiere in einer Super-Constellation, die nicht fliegt,
sondern in der Wüste steht, ein Flugzeug mit Wolldecken um die
Motoren..., die Passagiere genau so, wie wenn man fliegt ... es
war ein komischer Anblick" (31) [26].

In der zweiten Hälfte werden die Bildpräsenspassagen umfang-
reicher, sie verselbständigen sich, umgreifen auch Handlungsele-
mente, die sich den Bildelementen unterordnen, indem sie z. B.
deren Tempus übernehmen. In der „2. Station" schließlich dominiert das Bildpräsens in der Erzähl-Hauptebene derart, daß gele-
gentliche Einschübe im Präteritum auffällig wirken; sie beziehen
sich lediglich auf ausgesprochen handlungshafte Details, z. B.:
„Ich ruderte weit hinaus", „Ich las meine Briefe an Dick und zer-
riß sie" (221) [117].

In der Häufigkeit des Bildpräsens spiegelt sich die (im Verlauf
des „Berichts" wachsende) Bedeutung des Schauens für Faber.
Schauen wird schließlich zu seiner Grundhaltung: „Vier Tage
nichts als Schauen" (215) [172].

Mit dem Bildpräsens steht ein anderes temporales Phänomen
in Zusammenhang, das in der Sekundärliteratur als Indiz für stili-
sierte Sprachpfuscherei angesprochen worden ist: „falsche" Zeit-
form im Gliedsatz (vgl. Henze: a.a.O., 279). Der Tempusmiß-
brauch beschränkt sich fast ausschließlich auf ein bestimmtes
Muster: Präteritum im Hauptsatz, Präsens im Gliedsatz. Auf den
ersten 150 [127] Seiten zählt man 75 Fälle.

Bei näherer Aufschlüsselung ergibt sich, daß das ‚falsche' Präsens entweder in Objektsätzen nach einem verbum sentiendi
bzw. dicendi oder in einem Attributsatz steht. Vereinzelt findet
sich das ‚falsche' Präsens außerdem in Adverbialsätzen mit beton-
ter Gleichzeitigkeit zum Hauptsatz. Das Präsens nach Wahr-
nehmungsverben ist mit dem Bildpräsens eng verwandt – gewissermaßen eine Miniaturausgabe des Bildpräsens: „Ich beobachtete
die drei Scheiben, die manchmal zu stocken scheinen" (21) [18].
Das Präsens nach Verben des Sagens oder Denkens läßt sich am
einfachsten als eine Art Schwebezustand zwischen direkter und
indirekter Rede verstehen; es hat eine im Ansatz ähnliche Stilwir-
kung wie der episierte Dialog (vgl. 4.2.4).

Es fällt ferner auf, daß der präsentische Gliedsatz fast immer Zustand oder Wiederholung zum Inhalt hat. Er steht zum Hauptsatz meist im temporalen Verhältnis der Gleichzeitigkeit (z. B. Hauptsatz = Wahrnehmungsakt, Gliedsatz = Wahrnehmungsinhalt). Die Gegenprobe zeigt übrigens, daß das beschriebene Tempusschema nicht in allen einschlägigen Satzgefügen benutzt wird, eine bewußte sprachliche Stilisierung scheint also nicht vorzuliegen. Eher dürfte sich in dem unregelmäßigen Tempuswechsel auf engstem Raum der Widerstreit zwischen distanzierender Berichthaltung und bildhaft aktualisierender Erinnerung spiegeln.

6.4
Zeiterlebnis und Zeitsymbolik

6.4.1
Fabers „Lebenstempo"

Den Schlüssel zum Verständnis des Faberschen Zeiterlebens gibt Hannas Äußerung: „Manie des Technikers, die Schöpfung nutzbar zu machen, weil er sie als Partner nicht aushält, nichts mit ihr anfangen kann; Technik als Kniff, die Welt als Widerstand aus der Welt zu schaffen, beispielsweise durch Tempo zu verdünnen, damit wir sie nicht erleben müssen." (211/12) [169/170] Mittel der Weltverdünnung bildet für Faber vor allem das Flugzeug. Nach einem Flug notiert Frisch selbst schon 1946: ...„sie (die Kräfte der Technik) bringen uns in Lagen und in ein Tempo, das die Natur uns nicht zudachte, und wenigstens bisher sehen wir kein Anzeichen, daß unsere Natur sich wesentlich anpaßt; die bekannte Leere bei unseren Ankünften; weil unser Erleben, wenn ein gewisses Tempo überschritten wird, nicht mehr folgen kann; es wird dünn und dünner. Zwar nennen wir es noch lange Erlebnis, wo es bloß noch Kitzel ist, ein Abenteuer der Leere, ein Rausch, sich selber aufzuheben, eine Art von Wollust, daß man sich so weit verdünnen kann, bis man ohne jedes Erlebnis durch einen ganzen Erdteil kommt" (Tgb. I, 53/54).

Fabers Bericht setzt dort ein, wo zum erstenmal das erlebnisaufhebende Lebenstempo jäh abgebremst wird: Nach der einleitenden Startverzögerung durch Schneefall folgt alsbald die Notlandung und der Zwangsaufenthalt in der Wüste „total 85 Stunden" (26) [22], wie Faber buchhalterisch genau konstatiert.

In der Folge sehen wir immer wieder, wie das für den Techniker Faber ‚übliche' Lebenstempo bis zur absoluten Bewegungslosigkeit herabgemindert wird: im Dschungel von Guatemala, während der Schiffsreise, am eindrucksvollsten in der Katastrophenszene; hier erlebt Faber die „Welt als Widerstand": „Ich war schon außer Atem, bevor ich die Straße erreicht hatte, die Verunglückte auf den Armen, das Stapfen im weichen Sand ... dann weiter auf dieser Straße mit gekiestem Teer, erst Laufschritt, dann langsamer und immer langsamer, ich war barfuß" (157) [128].

Faber selbst wird schließlich ‚stationär' – erst für drei Wochen im Hotel in Caracas, dann endgültig im Athener Krankenhaus. Dementsprechend werden die beiden Teile des „Berichts" als „Stationen" bezeichnet.

6.4.2
Verlust der Chronometer-Zeit und Zeitumkehrung

Während der Fahrt mit der ohnmächtigen Sabeth zum Krankenhaus, die Faber „zur Ewigkeit" (157) [128] wird, gibt Faber seine Omega-Uhr weg. Er erhält sie nie wieder. In Hannas Wohnung, die im übrigen modern eingerichtet ist, bemerkt Faber eine „archaische Wanduhr mit zersprungenen Zifferblättern" (165) [134]. Beide Details wirken symbolisch – zumals in Verbindung mit Fabers Äußerungen „Es war tatsächlich, als stehe die Zeit" (180) [147] und „Vor vierundzwanzig Stunden (Es kam mir wie eine Jugenderinnerung vor) ..." (184) [150]. Offensichtlich ist Faber der quantitativ-technische Zeitbegriff abhanden gekommen. Übrigens besteht in dieser Szene die stärkste Diskrepanz zwischen Chronologie und tatsächlicher Erzählfolge. Auch das dürfte auf den Ausfall der ‚Normalzeit' hindeuten.

Von nun an, so scheint es, ist für Faber ein lineares zukunftsbezogenes Weiterleben, wie früher üblich („weil ich in Gedanken schon weiter bin, gewohnt, voraus zu denken, nicht rückwärts" -111, [91]), nicht mehr möglich. Er erinnert damit an Hinkelmann (in den „Schwierigen"), dem auch in dem Moment, da er vom Leben aus seiner geradlinigen Laufbahn geworfen wird, die Zeit stehen bleibt („ohne ein Ziel in der Welt ... hatte der Unglückliche keine Zeit beachtet, da es für ihn ja auch keine Zeit mehr gab" – a.a.O., 39).

Faber gerät in ein zwanghaftes Kreisen. Er fährt mit Hanna zur Unfallstelle zurück, ohne zu wissen, warum: „Ich weiß nicht, warum ich ihr alles zeigen wollte" (191) [156]. „Es war wieder Mittag ... Alles wie gestern" (191) [155] ... „Nur vierundzwanzig Stunden später" (192) [156] ... „Wieder die blaue Hitze über dem Meer ... wie gestern um diese Zeit, Mittag" (195).

Zwar unternimmt Faber einen Versuch, in der gewohnten Richtung zu denken: „Irgendeine Zukunft gibt es immer ... Das Leben geht weiter" (195) [158/159]. Aber auf Hannas Antwort hin – „Ja, aber vielleicht ohne uns" – verstummt er: „Hanna hatte recht, irgend etwas vergaß ich stets" (195) [159]. Faber wünscht sich eine Uhr, die rückwärts läuft, um die Vergangenheit wieder lebendig zu machen: „Ich redete über meine Uhr, die ich dem Lastwagenfahrer vermacht hatte, und über die Zeit ganz allgemein; über Uhren, die imstande wären, die Zeit rückwärts laufen zu lassen" (191) [155].

Wie sehr Faber von der unbewußten Vorstellung der Zeitumkehrung beherrscht ist, zeigt seine unmotivierte zweite Reise in den Dschungel. Sie ist Ausdruck des symbolischen Versuchs, auf den eigenen Spuren, räumlich und zeitlich in die Vergangenheit zurückzukehren, bzw. vor der Zeit als je einmaliger Gegenwart in die imaginäre Repetition zu fliehen: „Überall mein müßiger Gedanke: Wäre es doch damals! nur zwei Monate zurück, die hier nichts verändert haben;" (207) [165] ... „Auf dem kleinen Bahnhof ... kommt mir alles, was seit dem letzten Warten auf diesen Zug geschehen ist, wie eine Halluzination vor – hier ist alles unverändert" (206) [165].

Erst nach dieser Phase der imaginären Repetition kommt Faber – in seinem Habana-Erlebnis – zur Bejahung der Gegenwart und der Einmaligkeit der menschlichen Existenz – im Augenblick des Abschieds.[20]

Unterrichtshilfen

1
Didaktische Aspekte

Die Auswahl eines Romans von literarischem Rang zur Erstlektüre in der Sekundarstufe II bringt eine Reihe didaktischer Probleme mit sich:
1. Es muß ein Roman ausgewählt werden, der vom Thema her im Interessehorizont des Schülers liegt. Seine Thematik darf also nicht allzu esoterischer Natur sein. Eine gewisse Aktualität des Stoffes ist zur stärkeren Motivierung der Schüler wünschenswert. Schon aus diesem Grund sollte man ein Werk des 20. Jahrhunderts wählen.
2. Sprache und Gedankenwelt des Romans dürfen keine umfangreichen historischen oder fachwissenschaftlichen Voraussetzungen (z. B. in Philosophie, Musik- oder Kunsttheorie) erfordern. Eine alltagsnahe Sprache wird den ersten Zugang erleichtern.
3. Der Roman muß vom Umfang her überschaubar sein, sonst wird der Unterrichtsfortgang dadurch blockiert, daß der zu interpretierende Stoff nicht in allen Teilen jederzeit hinreichend präsent ist. Daher ist auch ein Roman mit mehreren parallelen Handlungssträngen ungünstig.
4. Andererseits muß, sofern das Ziel der Reihe – Hinführung zum Verständnis fiktionaler Literatur – erreicht werden soll, ein hinreichend komplexes ästhetisches Gebilde zum Unterrichtsgegenstand gemacht werden. Insofern ist eine vielschichtige innere Struktur wünschenswert.
5. Das Werk sollte eine Fülle von Themen und Aufgabenstellungen erlauben. Nach Möglichkeit sollte man einen Roman wählen, von dem aus sich leicht thematische und strukturelle Querverbindungen zu anderen Werken ziehen lassen, die dem Schüler eine Erweiterung des Verstehenshorizonts ermöglichen.
6. Eine triviale, aber wichtige Voraussetzung: Der Roman muß in einer preiswerten Taschenbuchausgabe vorliegen, damit ihn alle Schüler selbst erwerben können. An Leihbüchern läßt sich literaturwissenschaftliche Arbeitsmethode (Unterstreichen, Randbemerkungen, Querverweise usw. anbringen) nicht üben.

Der *Homo faber* entspricht all diesen Anforderungen.
1. Seine Thematik ist aktuell, ohne daß die Gefahr modischer Kurzlebigkeit bestünde.
2. Die Sprache setzt dem ersten, vorläufigen Verständnis des Textes kaum Schwierigkeiten entgegen. Ihre Hintergründigkeit läßt sich im Verlauf der Unterrichtsreihe aufzeigen.

Der fiktive Erzähler des „Berichts", ein Techniker, setzt beim Leser keinen umfassenden kulturellen „background" voraus.

3. Der Roman hat einen relativ geringen Umfang. Die Schüler können jederzeit über die Fakten hinreichend verfügen, die zur Interpretation vorauszusetzen sind. Andererseits verlangt der Roman *Homo faber* aber auch genaues Lesen (Auflösung der Chronologie!)
4. Der Roman ist ein äußerst differenziert strukturiertes Gebilde. Die Fiktion des Dokumentarischen („Ein Bericht") fordert dazu auf, die wesentlichen Elemente der Fiktionalität deutlich herauszuarbeiten.
5. Der *Homo faber* bietet wegen seiner kleinräumigen Gliederung einerseits und seiner hohen strukturellen Dichte anderseits eine Fülle möglicher Textausschnitte zur Analyse und Interpretation (auch in Form von Einzel- oder Gruppenreferaten).
Querverbindungen zu anderen Werken Frischs bieten sich infolge der engen thematischen Verwandtschaft geradezu an.
6. Der *Homo faber* liegt in einer preiswerten Taschenbuchausgabe vor.

Im Vorgriff auf die später vorgeschlagene Unterrichtssequenz sei hier kurz auf einige generelle Einsatzmöglichkeiten verwiesen:

Wird der *Homo faber* in Jahrgangsstufe 11 als erstes größeres episches Werk behandelt, so sollte ein wesentliches didaktisches Ziel darin bestehen, die Schüler mit der Besonderheit des fiktionalen Textes (Multivalenz, innere Bezogenheit aller Teile bzw. Strukturschichten aufeinander) vertraut zu machen.

Im Leistungskurs können darüber hinaus Ausblicke auf das Gesamtwerk des Autors ermöglicht werden. Dadurch erhalten die Schüler einen Eindruck davon, daß ein einzelnes Werk erst aus dem größeren Kontext besonderes Profil gewinnt. Es wäre daher empfehlenswert, wenn die Leistungskurs-Teilnehmer vor oder während der *Homo-faber*-Reihe *Don Juan, Stiller* und zumindest in Auszügen *Tagebuch* und *Gantenbein* lesen würden.

Eine literaturgeschichtliche Einordnung oder ein Vergleich mit anderen Werken der Moderne ist allenfalls bei Durchnahme in Jahrgangsstufe 12 möglich. Spezielle thematische Vergleichsmöglichkeiten ergeben sich zu Thomas Manns *Der Tod in Venedig*, Hermann Hesse, *Klein und Wagner* oder *Steppenwolf*, eventuell zu Robert Musil, *Grigia*. Auch ein motivgeschichtlicher Vergleich *Ödipus – Homo faber* liegt im Bereich des Möglichen.

Unter gegebenen Unterrichtsbedingungen könnte der *Homo faber* im Rahmen einer Reihe von tiefenpsychologischen Werkuntersuchungen nach Kategorien von Freud oder Jung analysiert werden. In diesem Fall wäre u.a. C.G.Jung, *Bewußtes und Unbewußtes* sowie Freuds Analyse von Jensens *Gravida* heranzuziehen.

In methodischer Hinsicht ergibt sich Gelegenheit, mit verschiedenen instrumentalen Operationen bekanntzumachen – etwa: statistische Erfassung und Auswertung semantischer oder syntaktischer Phänomene,

Analyse syntaktischer Strukturen als Interpretationsansatz, Untersuchung des Verhältnisses von Erzählzeit und erzählter Zeit. Selbstverständlich werden darüber hinaus die elementaren Techniken des sinnvollen Zitierens, des Referierens und Protokollierens usw. immer wieder geübt.

2
Umgang mit Sekundärliteratur im Unterricht

Der kritische Umgang mit Sekundärliteratur erfordert Anleitung im Unterricht. Werke der Sekundärliteratur sollten grundsätzlich erst nach dem eigenen Analyseversuch zu Rate gezogen werden; denn dann erst ist dem Schüler eine selbständige gedankliche Auseinandersetzung möglich. Im Unterricht können relativ kurze Abschnitte aus einzelnen Werken der Sekundärliteratur von einem Schüler referiert werden. Er sollte dabei die wesentlichen Gesichtspunkte thesenhaft zusammenfassen. Auf jeden Fall muß anschließend im Plenum die Stringenz der Interpretation am Primärtext überprüft werden. Eine kritische Auseinandersetzung wird erleichtert, wenn zwei divergierende Deutungen vorliegen.

Nicht zuletzt sollte man stichprobenartig untersuchen, ob eine Abhandlung handwerklich seriös gemacht ist (z. B. Zitiertechnik, Verarbeitung anderer Sekundärliteratur) und ob sie in Aufbau, Gedankengang und Sprache akzeptabel ist (Übersichtlichkeit der Gliederung, Satzbau, semantische Eindeutigkeit, Logik, Differenziertheit der Aussage, Fachsprache oder Imponiervokabular usw.).

Leicht zugänglich und daher für die kritische Untersuchung geeignet sind die im Literaturverzeichnis aufgeführten Werke von Bänziger, Stäuble, Geißler und die in den beiden Suhrkamp-Bänden gesammelten Aufsätze von Franzen, Roisch, Schenker (über Max Frisch I, 69–76, 84–109, 287–299), Kaiser und Franz (über Max Frisch II, 266–280, 234–244).

3
Unterrichtsreihen

Der Aspektreichtum des Romans ermöglicht vielseitige Reihenbezüge. Hier seien nur einige denkbare Verbindungslinien gezeigt:
1. Eine problemorientierte Reihe zum Thema „Der moderne Mensch zwischen Fremdbestimmung und Identitätsfindung" könnte drei epische Texte des 20. Jahrhunderts umfassen:
   a) H. Hesse: *Klein und Wagner* (Novelle)
   b) A. Andersch: *Sansibar oder der letzte Grund* (Roman)
   c) M. Frisch: *Homo faber* (Roman)
   Es handelt sich in allen drei Fällen um Texte des 20. Jahrhunderts, die

wegen ihrer thematischen Zugänglichkeit, ihres relativ geringen Umfangs und ihrer Repräsentativität (in inhaltlicher und struktureller Hinsicht) schon in 11,2 behandelt werden können.

2. Die Verknüpfung der existentiellen Motive „Liebe und Tod" könnte im Zentrum folgender Sequenz stehen:

a) R. Schnitzler: *Sterben* (Novelle)

b) Th. Mann: *Der Tod in Venedig*

c) M. Frisch: *Homo faber*

Auch diese Reihe kombiniert (wie die erste) epische Texte, die exemplarische Ausprägungen modernen Erzählens darstellen.

3. Eine gattungsübergreifende, primär problemorientierte Reihe „Mensch und Technik im 20. Jahrhundert" könnte z. B. folgende Texte umfassen:

a) H. Kipphardt: *Der Fall Oppenheimer* (Bühnenstück)

b) F. Dürrenmatt: *Die Physiker* (Bühnenstück)

c) M. Frisch: *Homo faber* (Roman)

d) Chr. Wolf: *Störfall* (Erzählung)

Diese Reihe thematisiert in erster Linie die Frage: Wie verhält sich der Mensch angesichts der globalen Bedrohung durch die Technik?

Darüber hinaus läßt sich untersuchen: Mit welchen spezifischen Darstellungsmitteln geht der Dichter das Menschheitsproblem an?

4
Unterrichtssequenz

Etwa zwei bis drei Wochen vor Beginn der Unterrichtsreihe wird häusliche Erstlektüre aufgegeben.

Dabei Nachschlagen unbekannter Begriffe, z. B. „Homo faber", Erinnye u. ä., geographische Verifizierung der Reiserouten Fabers.

– Schriftliches Fixieren von Arbeitsfragen für die gemeinsame Interpretation

– Einige Tage vor Beginn der Reihe Einsammeln der Interpretationsfragen durch den Lehrer. Erstellen eines Arbeitsplans unter Berücksichtigung der Schülerfragen.

– Aushändigung des vervielfältigten Chronologie-Papiers (= Mat. 1) an die Schüler. Dieses Papier erspart den Schülern die mühselige und für die fachliche Bildung unergiebige Datensammlung. Die Chronologie-Übersicht erleichtert die inhaltliche Orientierung während der Unterrichtsreihe und ermöglicht Einblicke in die Erzählstruktur.

Der folgende Vorschlag für eine Unterrichtssequenz ist als anregendes Beispiel für eigene Planungsarbeit gedacht, ersetzt sie aber nicht. Die Grundkurssequenz umfaßt etwa 14 Stunden, zusammen mit dem Additum für den Leistungskurs ergeben sich etwa 24 Stunden.

Verwendete Abkürzungen:

GA	= Gruppenarbeit	LV	= Lehrervortrag
GK	= Grundkurs	Ref	= Referat
HA	= Hausaufgabe	SV	= Schülervortrag
KRef	= Kurzreferat	UG	= Unterrichtsgespräch
LK	= Leistungskurs		

1. Teilsequenz (Doppelstunde)

Gegenstand	Faber und die Technik
Didaktischer Aspekt	Faber als Exponent einer technizistisch-männlichen Lebens- und Weltanschauung
Unterrichts- verlauf	1. Fabers technische Lebensform 2. Mensch und Maschine 3. Die Antwort des Technikers auf ethische Grundfragen (z. B.: Abtreibung) 4. Bedeutung der Wahrscheinlichkeitsrechnung für Faber 5. Marcels Gegenposition (LK)
Methodische Hilfen/ Impulse	zu: 1'. Bedeutung der Namengebung: symbolische Bedeutung von Beruf und Wohnort, Fortbewegungsmittel, „Lebenstempo" 2'. Auswertung der Kernstelle (75): Mensch und Roboter. Ferner einschlägige Aussagen (86 f., 92 f., 122, 171) 3'. Kernstelle (105–107): Fabers Einstellung zur Abtreibung: Aussageinhalt und Argumentationsgang 4'. Bei welchen Anlässen bemüht Faber die Mathematik bzw. Statistik? (22, 130, 164) 5'. Kernstelle (50): Marcels Auffassung vom Techniker: Inwiefern lassen sich seine Aussagen auf Faber beziehen? (LK) Wie steht Faber zu Marcels Philosophie? Vgl. dazu (175–177) (LK) Die Punkte 2–4 können arbeitsteilig auch in GA behandelt werden
Haus- aufgaben/ Referate	a) Einzelarbeit: Stundenprotokoll b) Fabers Aussagen über sein Verhältnis zu Frauen (30 f., 91–94, 99 f.) Ref: c) Die symbolische Bedeutung des Filmens und Frischs Auffassung vom „Bildnis" (s. Mat. 2) Einsatz in der 6. Teilsequenz d) Das Motiv des Fliegens in *Homo faber* und Frischs Tagebuchaufzeichnung anläßlich eines Fluges über die Alpen (s. Mat. 3) Einsatz in der 6. Teilsequenz

e) Inhaltsangabe zu *Don Juan oder Die Liebe zur Geometrie* (LK). Einsatz in der 11. Teilsequenz
f) Frischs Einstellung zu Amerika in *Unsere Arroganz gegenüber Amerika* (In: Frisch, Max: Öffentlichkeit als Partner. Frankfurt: Suhrkamp 1967, ed. suhrkamp 209, 25–36) (LK) Einsatz in der 12. Teilsequenz
g) Zum Amerika-Bild in *Stiller:* Sibylles und Rolfs Erfahrungen im Umgang mit Amerikanern
Einsatz in der 12. Teilsequenz

2. Teilsequenz (Doppelstunde)

Gegenstand	Faber und die Frauen *(2 Stunden)*
Didaktischer Aspekt	Fabers vereinfachende Sicht: totale Polarität
Unterrichts-verlauf	1. Hausaufgabenauswertung 2. Erarbeitung der verschiedenen Polaritätsaspekte 3. Hanna und das Frauenbild Fabers
Methodischen Hilfen/ Impulse	zu: 1'. und 2'. Auszuwertende Textstellen: (30 f., 57–61, 91–94, 99 f.) 3'. a) 45–48, 56 f., 183 f. b) 125 f., 133/134, 139/140, 142 Stillarbeit (arbeitsteilig): a) Die Beziehung Faber/Hanna vor zwanzig Jahren: Was bedeutet das Kind für beide Partner? Entspricht die Beziehung Fabers Klischeebild vom Verhältnis der Geschlechter? b) Hanna in Athen Wie sieht Faber Hanna: äußere Beschreibung, Gefühlseinstellung? Wie wird Hannas Lebens- und Wohnstil dargestellt? Was bedeutet der Beruf der Archäologie für Hanna? Entspricht Hanna dem Bild der Frau, das unter Punkt 2 erarbeitet worden ist?
Hausaufgabe	Was an Sabeth zieht Faber an? Wie steht sie zu ihm? (Textstellen 70–73, 78–80, 87 f., 95 f., 108–110, 124 f.

3. Teilsequenz (Doppelstunde)

Gegenstand	Faber und die Natur
Didaktischer Aspekt	Fabers Abscheu vor der Dschungelnatur – verstehbar als Angst, die eigene Existenzwirklichkeit anzuerkennen
Unterrichtsverlauf	1. Hausaufgabenauswertung 2. Erlebnis der Dschungelnatur 3. Marcels Erklärung als Schlüssel zum psychologischen Verständnis

Methodische Hilfen/ Impulse	zu:
	2'. Arbeitsteilige GA:
	    Welche körperlichen und seelischen Gefühle erweckt die Begegnung mit der tropischen Natur in Faber?
	    Gruppe 1) Untersuchen Sie (34–40)
	    Gruppe 2) Untersuchen Sie (41–45): Sicht der Naturmenschen
	    Gruppe 3) Untersuchen Sie (48–55)
	    Nach inhaltlicher Auswertung Frage nach Besonderheiten des sprachlichen Ausdrucks in der Naturschilderung (= Organmetaphorik bzw. Vergleiche)
	3'. Kernstelle (68):
	    Was bedeutet Marcels französischer Ausspruch? Wie erlebt Faber die nächtliche Dschungelnatur? Welche Bildfelder dominieren in Fabers Vergleichen innerhalb der Naturschilderung? – Ihr Ausdruckswert?

Hausaufgabe	Zeigen Sie den Zusammenhang zwischen Fabers hygienischen Zwangshandlungen: Rasieren bzw. Rasierversuche in der Wüste, Waschen und Duschen in der New Yorker Wohnung. (Wüste: 9 f., 27, 31, 34, 63, 134, 152, 170, 172; New York: 38, 58, 63, 152)

4. Teilsequenz (Einzelstunde)

Gegenstand	Zufall – Schicksal – Schuld
Didaktischer Aspekt	Fabers Negierung der Existenzschuld. Widerlegung durch Hanna
Unterrichtsverlauf	1. Fabers Einstellung 2. Hannas Position: Fabers Schuld und Hannas Schuld
Methodische Hilfen/ Impulse	zu: 1'. Wie nimmt Faber Stellung zu dem Problem? Was meint er mit „mystisch"? (22)

	Stillarbeit: Stellen Sie die Zufälle zusammen, die Faber als Bestätigung seiner Auffassung anführen könnte. (GA, quantitative Arbeitsteilung je nach Gruppengröße) 2'. Erläutern Sie Hannas Gegenposition (169 f.). Vergleichen Sie damit Frischs Tagebuchaufzeichnung (vgl. Mat. 4). Läßt sich Hannas Deutung („Repetition") am Text verifizieren?
Hausaufgabe	Wie reagiert Faber auf die Angebote des Zufalls? Untersuchen Sie genau, wie seine folgenträchtigen Entscheidungen zustande kommen. Z. B.: Abschiedsbrief an Ivy (30), Entschluß zur 1. Dschungelreise (33 ff.), Entscheidung für die Schiffsreise (60), Fabers Heiratsantrag (95), Inzest (124).

5. Teilsequenz (Einzelstunde)

Gegenstand	Untersuchung von Leitmotiven und Vorausdeutungen
Didaktischer Aspekt	Symbolische Aussage und erzähltechnische Funktion von Leitmotiven bzw. Vorausdeutungen
Unterrichtsverlauf	1. Besprechung der Hausaufgaben 2. Arbeitsteilige GA: a) Vorausdeutungen auf Katastrophe bzw. Tod b) Das Spiegelmotiv c) Professor O.
Methodische Hilfen/ Impulse	zu 2'. a) Untersuchung beschränkt sich aus Umfangsgründen auf Wüsten- und Dschungelszene (7–57) b) Textstellen (11, 98, 170 f.) c) Textstellen (15, 102–104 oben, 172, 193 f.) Auswertung: Zunächst symbolische Aussage untersuchen, dann Frage nach der Erzählfunktion: Bedeutung für die Lenkung des Leserinteresses bzw. der Lesererwartung? Bedeutung für den inneren Zusammenhalt des Werkes.
Hausaufgabe	Vom „Sehen" zum „Schauen": Fabers unterschiedliche Art der Wahrnehmung von Welt und Ich in der nächtlichen Wüste (24 f.) und auf Kuba (172–181)

6. Teilsequenz (Doppelstunde)

Gegenstand	Fabers Abkehr von der Technik
Didaktischer Aspekt	Fabers Absage an die „Ersatzexistenz" der Technik und seine neugewonnene Offenheit für die Lebenswirklichkeit
Unterrichtsverlauf	1. Die Unzulänglichkeiten der Technik als Symbol 2. Fabers innere Wandlung, aufgezeigt an den Leitmotiven des Fliegens und Filmens 3. Fabers Wandlung vom Blinden zum Sehenden (LK)
Methodische Hilfen/ Impulse	zu: 1'. Welche Folge hat das Versagen von Apparaten bzw. der medizinischen Diagnosetechnik? Welche Symbolbedeutung liegt in Versagen, Verlust oder Entzug technischer Hilfsmittel: z.B. Rasierapparat, „Omega"-Uhr, Wohnungsschlüssel bzw. Wohnung im Wolkenkratzer, Studebaker, Schreibmaschine? 2'. Einsatz der Referate der 1. Teilsequenz, anschließend Besprechung und eventuelle Ergänzung (denkbar z.B., daß die Filmvorführung in Düsseldorf im Referat noch nicht ausgeschöpft ist: Vertauschung der Spulen, die „Repetition", Sabeths Widerwille gegen das Gefilmtwerden) 3'. Zunächst Referat aus der 1. Teilsequenz: Motiv der Blindheit/des Nichtwissens (LK), anschließend Auswertung der Hausaufgabe Ergänzungsfragen (LK): Welche Wirkung auf den Leser ergibt sich dadurch, daß Faber einerseits nicht zu wissen behauptet, „was die Leute eigentlich meinen, wenn sie von Erlebnis reden" (24), andererseits eine Fülle von emotional getönten eignen Wahrnehmungen wiedergibt, um sie zu dementieren? Welche Existenzsymbolik liegt selbst in den Dingen, die Faber zugegebenermaßen „sieht"? Z.B.: „Was ich sehe, das sind Agaven, eine Pflanze, die ein einziges Mal blüht und dann abstirbt." (24) Zeigen Sie weitere Indizien für Fabers emotionale Betroffenheit auf.
Hausaufgabe	Welchen Einfluß hat Sabeth auf Fabers „Welt-Sicht"? Gehen Sie aus von Fabers „Verfügung für den Todesfall" (199). Ferner: (107–110, 124)

7. Teilsequenz (Doppelstunde)

Gegenstand	Fabers letzte Nacht in Havanna (180 f.)
Didaktischer Aspekt	Das Landschaftserlebnis als Ausdruck der gewandelten Einstellung zur Existenzwirklichkeit
Unterrichtsverlauf	1. Hausaufgabenbesprechung 2. Äußere und innere Situation Fabers 3. Symbolik 4. Sprache (LK)

Methodische Hilfen/ Impulse	zu:
	2'. Knappe Einordnung in den Handlungskontext.
	  Innere Situation: Bedeutung des umrahmenden Kontexts?
	  Z. B.: „Meine letzte Nacht. Keine Zeit auf Erden. Ich
	  wußte, daß ich alles, was ich sehe, verlassen werde" (180).
	  Motiv der letzten Stunde, Motiv des Filmens (182).
	3'. Bedeutung der allumfassenden Bewegung: Sturm, Bewegung der toten Dinge, der Natur, des schaukelnden Ich
	  Bedeutung des Singens: vgl. Marcel und Sabeth
	  Bedeutung des Meeres und der Inselsituation: evtl. Bezugnahme auf *Santa Cruz, Graf Öderland*
	4'. Wortwahl: Lebens- und Todesmetaphorik (LK)
	  Satzbau: Bedeutung des weitausholenden Satzgebildes, der ungrammatischen Syntax, des Präsens (LK)
	  Besondere Funktion der rhythmisch wiederkehrenden Kola: „ich schaukle und schwitze", „ich schaukle und trinke", „ich schaukle und schaue", „ich schaukle und singe". Gliederungsfunktion (LK)
	  Symbolischer Bezug der Rhythmisierung: Zweipolige Betonungsmuster – Zweipoligkeit der Existenz (LK)

Hausaufgabe	Zusammenfassung der Ergebnisse von 3. und gegebenenfalls 4.

8. Teilsequenz (Doppelstunde)

Gegenstand	Sprache und Erzählform
Didaktischer Aspekt	Das Ineinander von Berichtstil und Erinnerungsstil
Unterrichtsverlauf	1. Die wesentlichen Kommunikationsfaktoren 2. Stilistischer Vergleich zweier motivgleicher Textstellen 3. Typische sprachliche Formeln des berichtenden Technikers 4. Wesentliche Stilelemente der vergegenwärtigenden Erinnerung 5. Chronologie und Erzählstruktur des Erinnerungsstils (LK)

Methodische Hilfen/ Impulse	zu: 1'. In welcher Situation, aus welchem Anlaß, in welcher Intention, für welchen Adressaten schreibt Faber seinen „Bericht" (Untertitel)? 2'. Textstellen (55–56 M.) und (83 u. 85 f.) Beide Textstellen behandeln die Entdeckung des toten Freundes Joachim Hencke. Stillarbeit: Stellen Sie gegensätzliche Stilmerkmale heraus, und erklären Sie sie aus der – bewußten oder unbewußten – Intention des Schreibenden: Stichwort *Bericht* (55) – „Einmal … *erzählte* ich" (83 u.) Gesichtspunkte u.a.: Druckbild – zeitlicher und kausaler Zusammenhang – Perspektive – Distanz/innere Nähe – entsprechende Wortwahl – Ausdruckswert des Satzbaus und der Satzverbindungen 3'. Arbeitsteilige GA: In welchen Zusammenhängen und in welcher Absicht verwendet der „Berichterstatter" Faber Wendungen wie „wie üblich" (7–20 als exemplarische Stelle, eventuell auch Parisszene (96–99), hier in Verbindung mit der Formel „it's okay"), „nichts weiter", z.B. (11, 25, 92), „ich bin gewohnt", z.B. (75, 91, 98 f.)? 4'. Zeigen Sie die Stilelemente der vergegenwärtigenden Erinnerung in der Darstellung der Düsseldorfer Filmvorführung (187–191) oder der zweiten Dschungelreise (165–169) auf. 5'. Untersuchen Sie die Abweichungen der Erzählfolge von der Chronologie (120–160). Erklären Sie sie ausgehend von den Ergebnissen von 2. und 4. (Dieser Punkt kann bei Zeitknappheit als Hausaufgabe behandelt werden.)

9. Teilsequenz (Doppelstunde) (LK)

Gegenstand	Perspektive und Blickführung
Didaktischer Aspekt	Fabers Sehweise als Ausdruck seiner Existenzweise
Unterrichts-verlauf	1. Kontinuität und Diskontinuität der visuellen Wahrnehmung 2. Wirkung der Vertikalperspektive 3. Bedeutung von Distanz/Starre einerseits und Nähe/Bewegung andererseits 4. Zusammenfassende Auswertung der Befunde

Methodische Hilfen/ Impulse	zu: 1'. Untersuchen Sie folgende Stellen (arbeitsteilig) unter dem Aspekt Kontinuität und Diskontinuität der Blickführung: a) Erster Flug und Wüstenaufenthalt (7–28) b) Erster Dschungelaufenthalt (34–54) c) Erster Aufenthalt in New York (58–86) 2'. Zeigen Sie auf, inwiefern die Vertikalperspektive als Ausdruck von Fabers existentieller Grundeinstellung gedeutet werden kann: Vertikalperspektive von oben nach unten: (8 f., 18, 20, 195–197) Vertikalperspektive von unten nach oben: (11, 18, 35, 52, 114, 115, 136) 3'. Untersuchen Sie Blickführung und Perspektive unter den Kategorien: Distanz und Starre – Nähe und Bewegung. Ziehen Sie Parallelen zu Fabers Lebenseinstellung. Passagen: Fabers erster und letzter Flug, Wüstenerlebnis, Dschungelszene, Cubaszene.
Hausaufgabe	Ergebnisprotokoll

10. Teilsequenz (Doppelstunde) (LK)

Gegenstand	Besonderheiten des epischen Dialogs in *Homo faber*
Didaktischer Aspekt	Zusammenhang zwischen der Dialogform und Fabers mitmenschlichen Beziehungen
Unterrichtsverlauf	1. Der „einseitige" Dialog 2. Aneinander-vorbei-Reden 3. Ref.: Verändert sich Fabers Sprache im Laufe des Romans?
Methodische Hilfen/ Impulse	zu: 1'. Was sagt der „einseitige" Dialog (im weitesten Sinne, unter Einbezug von Telefonat und Brief) über Fabers Beziehungen zu anderen Menschen aus? Textstellen z. B.: (16 f., 138–148, 170, 176) 2'. Arbeitsgleiche GA: Stellen Sie Besonderheiten des Dialogs Faber–Hencke (25–32) fest, und interpretieren Sie den Befund. Vergleichen Sie dazu den Dialog Faber-Sabeth (116–118).
Hausaufgabe	Fassen Sie Fabers und Marcels Zivilisationskritik thesenhaft zusammen (Vorbereitung für die folgende Unterrichtsstunde).

11. Teilsequenz (Doppelstunde) (LK)

Gegenstand	Zivilisationskritik Frischs in *Homo faber* und *Don Juan*
Didaktischer Aspekt	Faber und Don Juan als Repräsentanten des abendländischen Technikers: Technik als Gegenpol des Lebens
Unterrichtsverlauf	1. Auswertung der Hausaufgabe 2. Referat: Inhaltsangabe zu *Don Juan oder Die Liebe zur Geometrie* 3. *Nachträgliches zu Don Juan* (vgl. Mat. 5) 4. Vergleich der Figurenkonzeption: Faber – Don Juan
Methodische Hilfen/ Impulse	zu: 3'. Stillarbeit: Fassen Sie Frischs Interpretation des *Don Juan* zusammen: Don Juans Verhältnis zu: a) Frauen – Natur b) Beruf – Geometrie – Männer c) Kind – Vaterschaft – Tod 4'. Vergleichen Sie Don Juan und Faber. (Falls von der Lektüre her die Voraussetzung gegeben ist, bietet sich ein weitergehender Vergleich an: Das Bild des Naturwissenschaftlers in der modernen Literatur, z. B. Dürrenmatt: *Die Physiker*, Kipphardt: *In Sachen Robert Oppenheimer*)

12. Teilsequenz (Einzel- oder Doppelstunde) (LK)

Gegenstand	Frischs Amerika-Bild
Didaktischer Aspekt	Komplementäre Züge in Frischs Amerika-Bild
Unterrichtsverlauf	1. Ref.: „Unsere Arroganz gegenüber Amerika" 2. Ref.: zu *Stiller:* Sibylles und Rolfs Erfahrungen im Umgang mit Amerikanern 3. Textanalyse zu einem Textausschnitt aus *Stiller:* Blick auf Manhattan (314–316) (vgl. Mat. 6)
Methodische Hilfen/ Impulse	zu: 3'. Mögliche Untersuchungsaspekte: – Erlebnis- und Gefühlslage des Betrachters – Gegensätzlichkeit und Paradoxie im Bild der Stadt – Ästhetische Wertungen – Sprachliche Entsprechungen: Satzbau, Metaphorik
Hausaufgabe	Vergleichen Sie Frischs Großstadtbild mit einer Ihnen bekannten Großstadtdarstellung eines anderen Autors.

13. Teilsequenz (Doppelstunde) (LK)

Gegenstand	Stilvergleich
Didaktischer Aspekt	Zusammenhang von Persönlichkeitsstil und poetologischer Position
Unterrichts- verlauf	1. Vergleich von: a) *Homo faber* (68) b) Thomas Mann: *Der Tod in Venedig* (9, 2. Abschnitt: vgl. Mat. 7) 2. Zuordnung von Textausschnitten aus Frischs Tagebuch 1946–1949 und Thomas Manns *Tonio Kröger* (vgl. Mat. 8)
Methodische Hilfen/ Impulse	zu: 1'. Vorinformation zu Thomas Mann Lebensdaten: 1875 (Lübeck) – 1955 (Zürich) Werke (Auswahl): *Die Buddenbrooks* (1901), *Tonio Kröger* (1903), *Der Tod in Venedig* (1912), *Der Zauberberg* (1924), *Doktor Faustus* (1947) Kontext der ausgewählten Textstelle: Der Schriftsteller Gustav von Aschenbach hat bei einem Spaziergang vor den Toren Münchens plötzlich eine Hallu- zination, durch die er im weiteren Verlauf der Handlung zu einer Venedigreise animiert wird. Sie endet mit seinem Tod. Untersuchungsauftrag (arbeitsgleiche Stillarbeit): Vergleichen Sie die beiden Textausschnitte: Motiv, Einstel- lung des Erlebenden zur Natur, sprachliche Gestaltung 2'. Freies UG: Welchem Autor (Frisch/Th. Mann) würden Sie die beiden Textstellen zuordnen? Begründen Sie Ihre Ent- scheidung vom Sprachstil her. Ziehen Sie dazu auch die beiden Zitate zur Schaffensweise des Dichters heran. Auflösung: Text 1 stammt aus M. Frisch: *Tagebuch 1946–1949*, Text 2 aus Th. Mann, *Mario und der Zauberer* (s. Mat. 8)

5
Klausurvorschläge

Grundkurs

1. Aufgabe: Textanalyse und Erörterung
   Textstelle (105, Z. 13–107, Z. 10)
   a) Geben Sie Fabers Ausführungen zum Thema Schwangerschaftsab- bruch nach Thesen geordnet wieder.
   b) Überprüfen Sie seine Argumentationsweise.
   c) Entwerfen Sie eine mögliche Gegenposition.

2. Aufgabe: Analyse einer literarischen Charakteristik
   Textstellen (7–10 und 166–169)
   a) Vergleichen Sie die Charakteristik Herbert Henckes ((7–10) und (166–169)) inhaltlich.
   b) Untersuchen Sie die von Frisch verwendeten Mittel der literarischen Charakteristik.
3. Aufgabe: Textanalyse
   Textstelle (24, Z. 9–25, Z. 10)
   Wie stellt Faber das Erlebnis der nächtlichen Wüste dar? Unterscheiden Sie in seiner Darstellung
   a) rationale Ebene
   b) Ausdruck des Unterbewußten.
   Gehen Sie dabei auf sprachliche Auffälligkeiten und symbolische Elemente ein.
4. Aufgabe: Textanalyse
   Textstelle (150, Z. 10–152, Z. 23)
   a) Kurze Einordnung in den Handlungs- und Erzählzusammenhang
   b) Bedeutung der Situation für das Paar. Auswirkung auf das Landschaftserlebnis
   c) Funktion und Verlauf des „Spiels"
   d) Symbolik und sprachliche Gestaltung des Sonnenaufgangerlebnisses

Leistungskurs

1. Aufgabe und Textstellen: Grundkurs 2.
   c) Erläutern Sie die Funktion der Brüder Hencke innerhalb der gesamten Figurenkonstellation des Romans.
2. Aufgabe und Textstellen: Grundkurs 3. Dazu als textübergreifende Zusatzaufgabe, ausgehend von Mat. 9:
   c) Worin unterscheidet sich Stillers Sicht der Wüste von derjenigen Fabers?
3. Aufgabe und Textstellen: Grundkurs 4. Ausgehend von Mat. 10:
   e) Zeigen Sie den Zusammenhang zwischen dieser Tagebucheintragung und der besonderen sprachlichen Gestaltung der Akrokorinth-Szene auf.
4. Aufgabe: Textanalyse
   Textstelle (180, Z. 32–181, Z. 30)
   a) Äußere und innere Situation des Ich
   b) Symbolik
   c) Besondere sprachliche Stilelemente: Sprachbildlichkeit, Syntax, Rhythmisierung.

6
Materialien

1 Chronologie der Ereignisse (nach der Taschenbuchfassung)

(27)	Dritter Tag in der Wüste von Tamaulipas = 27.3.1957, also Abflug von New York: 24.3.1957 abends
(21/22)	25.3.–28.3.: Aufenthalt in der Wüste
(34)	29.3.: (vermutlich!) Fahrt nach Campeche
	30.3.: Abfahrt nach Palenque
	31.3.: Ankunft in Palenque
(37)	5.4.: Beginn der Autofahrt zu J. Henckes Plantage
(45)	9.4.: Ankunft auf der Plantage
	10.4.: (vermutlich!) Beginn der Rückfahrt
(57)	19./20.4.: In Caracas (Venezuela)
	21.4.: Rückflug nach New York zu Ivy
(63/67)	22.4.: Beginn der Schiffsreise nach Europa
(90)	29.4.: Fünfzigster Geburtstag, letzter Abend an Bord, Heiratsantrag an Sabeth
(95)	30.4.: Ankunft in Le Havre, Fahrt nach Paris
(124)	13.5.: erste Übernachtung, Mondfinsternis, erstes intimes Zusammensein
(150)	26./27.5.: Nacht in Akrokorinth
(156)	27.5. mittags: Sabeths Unfall am Strand von Theodohori
(152)	27.5.: Wiedersehen mit Hanna, Übernachtung in Hannas Wohnung
(150/158)	28.5. morgens–mittags: Fahrt nach Theodohori
(160)	28.5.: 14 Uhr Tod Sabeths durch Hirnblutung
(161)	1.6.: Ankunft in New York
(165)	2.6.: Flugreise nach Merida, Weiterfahrt nach Campeche und Palenque. Besuch bei Herbert Hencke auf der Plantage
(170)	20.6.: Ankunft in Caracas
	21.6.–9.7.: Krankenhausaufenthalt in Caracas. Abfassung der „Ersten Station" des Berichts.
(172)	8.7.–13.7.: Aufenthalt in Habana (Kuba)
(185)	15.7.: Filmvorführung in Düsseldorf
(193)	16.7.: Zwischenlandung in Zürich, Ankunft in Athen
(191)	19.7.: Beginn der z. T. „handschriftlichen" Aufzeichnungen im Krankenhaus: „Zweite Station"
(198)	Ende August: vermutlicher Tod Fabers während oder nach der Operation

2 Du sollst dir kein Bildnis machen

„Es ist bemerkenswert, daß wir gerade von dem Menschen, den wir lieben, am mindesten aussagen können, wie er sei. Wir lieben ihn einfach. Eben darin besteht ja die Liebe, das Wunderbare an der Liebe, daß sie uns in der Schwebe des Lebendigen hält, in der Bereitschaft, einem Menschen zu folgen in allen seinen möglichen Entfaltungen. Wir wissen, daß jeder Mensch, wenn man ihn liebt, sich wie verwandelt fühlt, wie entfaltet, und daß auch dem Liebenden sich alles entfaltet,

111

das Nächste, das lange Bekannte. Vieles sieht er wie zum ersten Male. Die Liebe befreit es aus jeglichem Bildnis. Das ist das Erregende, das Abenteuerliche, das eigentlich Spannende, daß wir mit den Menschen, die wir lieben, nicht fertigwerden: weil wir sie lieben; solang wir sie lieben. Man höre bloß die Dichter, wenn sie lieben; sie tappen nach Vergleichen, als wären sie betrunken, sie greifen nach allen Dingen im All, nach Blumen und Tieren, nach Wolken, nach Sternen und Meeren. Warum? So wie das All, wie Gottes unerschöpfliche Geräumigkeit, schrankenlos, alles Möglichen voll, aller Geheimnisse voll, unfaßbar ist der Mensch, den man liebt – (...)

Du sollst dir kein Bildnis machen, heißt es, von Gott. Es dürfte auch in diesem Sinne gelten: Gott als das Lebendige in jedem Menschen, das, was nicht erfaßbar ist. Es ist eine Versündigung, die wir, so wie sie an uns begangen wird, fast ohne Unterlaß wieder begehen –

Ausgenommen wenn wir lieben."

(Aus: Max Frisch: Tagebuch 1946–1949. Frankfurt 1950, Bibliothek Suhrkamp 1973, 31, 37)

Mat. 3a   Nach einem Flug

„Ein Flug über die Alpen, der nach einem anfänglichen Kitzel eine gewisse Leere hinterließ, beschäftigt mich doch immer wieder. (...) (50)

(...)

Es ist herrlich!

Aber etwas bleibt luziferisch.

Über einem Städtchen, das wie unsere architektonischen Modelle anzusehen ist, entdecke ich unwillkürlich, daß ich durchaus imstande wäre, Bomben abzuwerfen. Es braucht nicht einmal eine vaterländische Wut, nicht einmal eine jahrelange Verhetzung; es genügt ein Bahnhöflein, eine Fabrik mit vielen Schloten, ein Dampferchen am Steg; es juckt einen, eine Reihe von schwarzen und braunen Fontänen hineinzustreuen, und schon ist man weg; man sieht, wie sich das Dampferchen zur Seite legt, die Straße ist wie ein Ameisenhaufen, wenn man mit einem Zweiglein hineinsticht, und vielleicht sieht man auch noch die Schlote, wie sie gerade ins Knie brechen und in eine Staubwolke versinken; man sieht kein Blut, hört kein Röcheln, alles ganz sauber, alles aus einem ganz unmenschlichen Abstand, fast lustig. Nicht ohne eigene Gefahr; das meine ich nicht, daß es harmlos sei; ich denke auch die weißen Wölkchen, die jetzt ringsum aufplatzen, eine Staffel von Jägern, die hinter uns auftauchen und größer werden mit jedem Atemzug, lautlos, dann das erste Splittern in einer Scheibe (...) (52 f.)

(...)

Zum Bewußtsein kommt, wie gering eigentlich die Zone ist, die den Menschen ernährt und gestaltet; schon kommen die letzten Matten, schon beginnt die Vereisung. Zweitausend oder dreitausend Meter genügen, und unsere Weltgeschichte ist aus. Gewisse Kessel, die wir sehen, könnten auch auf dem Mond sein. Die vielleicht einzig vorkommende Gunst von Umständen, die irgendwo im Weltall ein menschliches Geschlecht ermöglicht hat, liegt als ein ganz dünner Hauch in den Mulden, und es genügt die geringste Schwankung der Umstände; eine Vermehrung des Wassers, eine Verdünnung der Luft, eine Veränderung der Wärme. Unser Spielraum ist nicht groß. Wir nisten in einem Zufall, dessen empfindliche Zu-

112

spitzung, wenn sie uns manchmal zum Bewußtsein kommt, beklemmend wird, zugleich begeisternd. Die Menschheit als Witz oder als Wunder; die paar Jahrtausende, die sie haben mag, sind nichts gegenüber der Unzeit, die sie umgibt, und dennoch mehr als diese Unzeit. Was es heißt, diesem Augenblick anzugehören –."
(54)
Wir sind eine Gruppe von Malern und Schriftstellern; jeder darf einmal in die Laterne, wo der Pilot sitzt. Einmal fliegen wir ganz nahe an den Gipfel des Finsteraarhornes. Die Entfernung zwischen dem Felsen und unserem Flügel, sagt der Pilot, habe keine dreißig Meter betragen. Jedenfalls wird das Gestein wieder greifbar. Die plötzliche Lust zum Klettern, überhaupt die Gier, den Dingen wieder näherzukommen. Nicht aus Angst vor dem Schweben; wir fühlen uns ja, wie gesagt, unverschämt sicher in unserem Polster, und der Gedanke, dort drüben auf dem schwärzlichen Grat zu stehen, gibt erst wieder ein Gefühl von Gefahr, aber auch von Wirklichkeit. Es geht gegen sieben Uhr abends, eine Stunde, wo ich noch nie auf einem solchen Gipfel war; es ist wunderbar für das Auge, aber vermischt mit der Unruhe eines verspäteten Klettrers; die Täler im Schatten, violett, die letzte Sonne auf einer Gwächte, grünlich durchschimmert; erst durch den unwillkürlichen Kniff, daß man sich in die Lage eines Klettrers versetzt, wird alles wieder ernsthaft und erlebbar (...)" (54 f.)

(Aus: Max Frisch: Tagebuch 1946–1949. Frankfurt 1950, Bibliothek Suhrkamp 1973, 50–55)

3b „Überhaupt sind die Augenblicke, wenn plötzlich ein Grat oder ein Firn zu uns emporkommt, durchaus stärker als die Viertelstunden, da man einfach schwebt; plötzlich sieht man die Körnung im Schnee, die bekannten Spuren von kleinen Rutschen und von Steinschlag; man ist froh darum, jedesmal, wie um ein Erwachen. Leider zwingen die Wolken, daß wir uns wieder aus dem Aletschkessel heben; Jungfrau und Eiger rauchen wie Vulkane, über dem Lötschtal ballt sich ein kommendes Gewitter –
,Das ist der Märjelensee!'
,Die Sphinx!'
,Der Staubbach –'
,Die Grimselmauer –'.
Auch unser fast schülerhaftes Bedürfnis, sich immerfort die Namen aufzuschlagen, deute ich mir als ein Bedürfnis, das zerrissene Verhältnis wieder herzustellen, zurückzukehren in einen erlebbaren Maßstab. Jeder Name bedeutet: Das ist wirklich, da bin ich schon einmal gewesen, das gibt es, diesen Firn habe ich einmal erlebt, er ist sechs Stunden lang. (...)" (55)
„(...)
Es ist ganz offenbar, daß das menschliche Erleben, auch wenn wir uns außermenschliche Leistungen entlehnen können, mehr oder minder an den Bereich gebunden bleibt, den wir mit eignen Kräften bewältigen können. Oder mit den Kräften eines anderen natürlichen Körpers; beispielsweise eines Pferdes. Auch das Segeln bleibt noch im erlebbaren Verhältnis; der Wind ist eine außermenschliche Kraft, die wir aber nicht selber entfesseln, und gehört zu unsrer natürlichen Umwelt, die unsere körperliche Eigenschaft bildet: im Gegensatz zu den Kräften, die wir aus schweigenden Naturstoffen umsetzen, speichern und nach unsrer Willkür entfesseln. Sie erst bringen uns in Lagen und in ein Tempo, das die Natur

113

uns nicht zudachte, und wenigstens bisher sehen wir kein Anzeichen, daß unsere Natur sich wesentlich anpaßt; die bekannte Leere bei unseren Ankünften; weil unser Erleben, wenn ein gewisses Tempo überschritten wird, nicht mehr folgen kann; es wird dünn und dünner. Zwar nennen wir es noch lange Erlebnis, wo es bloß noch Kitzel ist, ein Abenteuer der Leere, ein Rausch, sich selber aufzuheben (...)

Es ist das luziferische Versprechen, das uns immer weiter in die Leere lockt. Auch der Düsenjäger wird unser Herz nicht einholen. Es gibt, so scheint es, einen menschlichen Maßstab, den wir nicht verändern, sondern nur verlieren können. Daß er verloren ist, steht außer Frage; es fragt sich nur, ob wir ihn noch einmal gewinnen können und wie?" (56 f.)

(Aus: Max Frisch: Tagebuch 1946–1949. Frankfurt 1950, Bibliothek Suhrkamp 1973, 55–57)

Mat. 4   Café Odeon

„Der Zufall ganz allgemein: was uns zufällt ohne unsere Voraussicht, ohne unseren bewußten Willen. Schon der Zufall, wie zwei Menschen sich kennenlernen, wird oft als Fügung empfunden; dabei, man weiß es, kann dieser Zufall ganz lächerlich sein: ein Mann hat seinen Hut verwechselt, geht in die Garderobe zurück und obendrein, infolge seiner kleinen Verwirrung, tritt er auch noch einer jungen Dame auf die Füße, was beiden leid tut, so leid, daß sie miteinander ins Gespräch kommen, und die Folge ist eine Ehe mit drei oder fünf Kindern. Eines Tages denkt jedes von ihnen: Was wäre aus meinem Leben geworden ohne jene Verwechslung der Hüte?

Der Fall ist vielleicht für die meisten, die sonst nichts glauben können, die einzige Art von Wunder, dem sie sich unterwerfen. Auch wer ein Tagebuch schreibt, glaubt er nicht an den Zufall, der ihm die Fragen stellt, die Bilder liefert, und jeder Mensch, der im Gespräch erzählt, was ihm über den Weg gekommen ist, glaubt er im Grunde nicht, daß es in einem Zusammenhang stehe, was immer ihm begegnet? Dabei wäre es kaum nötig, daß wir, um die Macht des Zufalls zu deuten und dadurch erträglich zu machen, schon den lieben Gott bemühen; es genügte die Vorstellung, daß immer und überall, wo wir leben, alles vorhanden ist: für mich aber, wo immer ich gehe und stehe, ist es nicht das vorhandene Alles, was mein Verhalten bestimmt, sondern das Mögliche, jener Teil des Vorhandenen, den ich sehen und hören kann. An allem übrigen, und wenn es noch so vorhanden ist, leben wir vorbei. Wir haben keine Antenne dafür; jedenfalls jetzt nicht; vielleicht später. Das Verblüffende, das Erregende jedes Zufalls besteht darin, daß wir unser eigenes Gesicht erkennen; der Zufall zeigt mir, wofür ich zur Zeit ein Auge habe, und ich höre, wofür ich eine Antenne habe. Ohne dieses einfache Vertrauen, daß uns nichts erreicht, was uns nichts angeht, und daß uns nichts verwandeln kann, wenn wir uns nicht verwandelt haben, wie könnte man über die Straße gehen, ohne in den Irrsinn zu wandeln? Natürlich läßt sich denken, daß wir unser mögliches Gesicht, unser mögliches Gehör nicht immer offen haben, will sagen, daß es noch manche Zufälle gäbe, die wir übersehen und überhören, obschon sie zu uns gehören; aber wir erleben keine, die nicht zu uns gehören. Am Ende ist es immer das Fälligste, was uns zufällt."

(Aus: Max Frisch: Tagebuch 1946–1949. Frankfurt 1950, Bibliothek Suhrkamp 1973, 463/464)

5 „In bezug auf die Untreue, die bekannteste Etikette jedes Don Juan, würde das heißen: Es reißt ihn nicht von Wollust zu Wollust, aber es stößt ihn ab, was nicht stimmt. Und nicht weil er die Frauen liebt, sondern weil er etwas anderes (beispielsweise die Geometrie) mehr liebt als die Frau, muß er sie immer wieder verlassen. Seine Untreue ist nicht übergroße Triebhaftigkeit, sondern Angst, sich selbst zu täuschen, sich selbst zu verlieren – seine wache Angst vor dem Weiblichen in sich selbst." (94)

„Don Juan ist ein Narziß, kein Zweifel; im Grunde liebt er nur sich selbst. Die legendäre Zahl seiner Lieben (1003) ist nur darum nicht abstoßend, weil sie komisch ist, und komisch ist sie, weil sie zählt, wo es nichts zu zählen gibt; in Worte übersetzt, heißt diese Zahl: Don Juan bleibt ohne Du.
Kein Liebender also.

Liebe, wie Don Juan sie erlebt, muß das Unheimlich-Widerliche der Tropen haben, etwas wie feuchte Sonne über einem Sumpf voll blühender Verwesung, panisch, wie die klebrige Stille voll mörderischer Überfruchtung, die sich selbst auffrißt, voll Schlinggewächs – ein Dickicht, wo man ohne blanke Klinge nicht vorwärtskommt; wo man Angst hat zu verweilen.

Don Juan bleibt ohne Du auch unter Männern. Da ist immer nur ein Catalinon, ein Scanarelle, ein Leporello, nie ein Horatio. Und wenn der Jugendfreund einmal verloren ist, den er noch aus der Geschwisterlichkeit der Kinderjahre hat, kommt es zu keiner Freundschaft mehr; die Männer meiden ihn. Don Juan ist ein unbrüderlicher Mensch; schon weil er sich selbst, unter Männer gestellt, weiblich vorkäme.

Man könnte es sich so denken:
Wie die meisten von uns, erzogen von der Poesie, geht er als Jüngling davon aus, daß die Liebe, die ihn eines schönen Morgens erfaßt, sich durchaus auf eine Person beziehe, eindeutig, auf Donna Anna, die diese Liebe ihn ihm ausgelöst hat. Die bloße Ahnung schon, wie groß der Anteil des Gattungshaften daran ist, geschweige denn die blanke Erfahrung, wie vertauschbar der Gegenstand seines jugendlichen Verlangens ist, muß den Jüngling, der eben erst zur Person erwacht ist, gründlich erschrecken und verwirren. Er kommt sich als ein Stück der Natur vor, blind, lächerlich, vom Himmel verhöhnt als Geist-Person. Aus dieser Verwundung heraus kommt sein wildes Bedürfnis, den Himmel zu verhöhnen, herauszufordern durch Spott und Frevel – womit er immerhin einen Himmel voraussetzt. Ein Nihilist? (...)" (95)

„Warum erscheint Don Juan stets als Hochstapler? Er führt ein Leben, das kein Mensch sich leisten kann, nämlich das Leben eines Nur-Mannes, womit er der Schöpfung unweigerlich etwas schuldig bleibt. Sein wirtschaftlicher Bankrott, wie besonders Molière ihn betont, steht ja für einen ganz anderen, einen totalen Bankrott. Ohne das Weib, dessen Forderungen er nicht anzuerkennen gewillt ist, wäre er selber nicht in der Welt. Als Parasit in der Schöpfung (Don Juan ist immer kinderlos) bleibt ihm früher oder später keine andere Wahl: Tod oder Kapitulation, Tragödie oder Komödie. Immer ist die Don-Juan-Existenz eine unmögliche,

selbst wenn es weit und breit keine nennenswerte Gesellschaft gibt –
Don Juan ist kein Revolutionär. Sein Widersacher ist die Schöpfung selbst.
Don Juan ist ein Spanier: ein Anarchist.

Don Juan ist kinderlos, meine ich, und wenn es 1003 Kinder gäbe! Er hat sie
nicht, sowenig, wie er ein Du hat. Indem er Vater wird – indem er es annimmt,
Vater zu sein –, ist er nicht mehr Don Juan. Das ist seine Kapitulation, seine erste
Bewegung zur Reife. Warum gibt es denn keinen alten Don Juan? (...)" (97)
„Ein Don Juan, der nicht tötet, ist nicht denkbar, nicht einmal innerhalb einer
Komödie; das Tödliche gehört zu ihm wie das Kind zu einer Frau. Wir rechnen
ihm ja auch seine Morde nicht an, erstaunlicherweise, weniger noch als einem Ge-
neral. Und seine nicht unbeträchtlichen Verbrechen, deren jedes ordentliche Gericht (also auch das verehrte Publikum) ihn verklagen müßte, entziehen sich irgendwie unsrer Empörung." (99)

„Lebte er in unseren Tagen, würde Don Juan (wie ich ihn sehe) sich wahrscheinlich mit Kernphysik befassen: um zu erfahren, was stimmt. Und der Konflikt mit
dem Weiblichen, mit dem unbedingten Willen nämlich, das Leben zu erhalten,
bliebe der gleiche; auch als Atomforscher steht er früher oder später vor der Wahl:
Tod oder Kapitulation – Kapitulation jenes männlichen Geistes, der offenbar,
bleibt er selbstherrlich, die Schöpfung in die Luft sprengt, sobald er die technische
Möglichkeit dazu hat." (100)

(Aus: Max Frisch: Nachträgliches zu „Don Juan". In: Max Frisch: Don Juan oder Die Liebe
zur Geometrie)

Mat. 6   „,Babylon!', meinte Rolf, der immer wieder hinunterschauen mußte in dieses Netz
von flimmernden Perlenschnüren, in diesen Knäuel von Licht, in dieses unabseh-
bare Beet von elektrischen Blumen. Man wundert sich, daß in dieser Tiefe da unten, deren Gerausch nicht mehr zu hören ist, in diesem Labyrinth aus quadrati-
schen Finsternissen und gleißenden Kanälen dazwischen, das sich ohne Unterschied wiederholt, nicht jede Minute ein Mensch verlorengeht; daß dieses rol-
lende Irgendwoher-Irgendwohin nicht eine Minute aussetzt oder sich plötzlich
zum rettungslosen Chaos staut. Da und dort staut es sich zu Teichen von Weiß-
glut, Times-Square zum Beispiel. Schwarz ragen die Wolkenkratzer ringsum,
senkrecht, jedoch von der Perspektive auseinandergespreizt wie ein Bund von
Kristallen, von größeren und kleineren, von dicken und schlanken. Manchmal ja-
gen Schwaden von buntem Nebel vorbei, als sitze man auf einem Berggipfel, und
eine Weile lang gibt es kein Neuyork mehr; der Atlantik hat es überschwemmt.
Dann ist es noch einmal da, halb Ordnung wie auf einem Schachbrett, halb Wirr-
warr, als wäre die Milchstraße vom Himmel gestürzt. Sibylle zeigte ihm die Be-
zirke, deren Namen er kannte: Brooklyn hinter einem Gehänge von Brücken, Sta-
ten Island, Harlem. Später wird alles noch farbiger; die Wolkenkratzer ragen nicht
mehr als schwarze Türme vor der gelben Dämmerung, nun hat die Nacht gleichsam ihre Körper verschluckt, und was bleibt, sind die Lichter darin, die hundert-
tausend Glühbirnen, ein Raster von weißlichen und gelblichen Fenstern, nichts
weiter, so ragen oder schweben sie über dem bunten Dunst, der etwa die Farbe
von Aprikosen hat, und in den Straßen, wie in Schluchten, rinnt es wie glitzerndes

Quecksilber. Rolf kam nicht aus dem Staunen heraus: Die spiegelnden Fähren auf dem Hudson, die Girlanden der Brücken, die Sterne über einer Sintflut von Neon-Limonade, von Süßigkeit, von Kitsch, der ins Grandiose übergeht, Vanille und Himbeer, dazwischen die violette Blässe von Herbstzeitlosen, das Grün von Gletschern, ein Grün, wie es in Retorten vorkommt, dazwischen Milch von Löwenzahn, Firlefanz und Vision, ja, und Schönheit, ach, eine feenhafte Schönheit, ein Kaleidoskop aus Kindertagen, ein Mosaik aus bunten Scherben, aber bewegt, dabei leblos und kalt wie Glas, dann wieder bengalische Dämpfe einer Walpurgisnacht auf dem Theater, ein himmlischer Regenbogen, der in tausend Splitter zerfallen und über die Erde zerstreut ist, eine Orgie der Disharmonie, der Harmonie, eine Orgie von Alltag, technisch und merkantil über alles, zugleich denkt man an Tausendundeine Nacht, an Teppiche, die aber glühen, an schnöde Edelsteine, an kindliches Feuerwerk, das auf den Boden gefallen ist und weiterglimmt, alles hat man schon gesehen, irgendwo, vielleicht hinter geschlossenen Augenlidern bei Fieber, da und dort ist es auch rot, nicht rot wie Blut, dünner, rot wie die Spiegellichter in einem Glas voll roten Weines, wenn die Sonne hineinscheint, rot und auch gelb, aber nicht gelb wie Honig, dünner, gelb wie Whisky, grünlich-gelb wie Schwefel und gewisse Pilze, seltsam, aber alles von einer Schönheit, die, wenn sie tönte, Gesang der Sirenen wäre, ja, so ungefähr ist es, sinnlich und leblos zugleich, geistig und albern und gewaltig, ein Bau von Menschen oder Termiten, Sinfonie und Limonade, man muß es gesehen haben, um es sich vorstellen zu können, aber mit Augen gesehen, nicht bloß mit Urteil, gesehen haben als ein Verwirrter, ein Betörter, ein Erschrockener, ein Seliger, ein Ungläubiger, ein Hingerissener, ein Fremder auf Erden, nicht nur fremd in Amerika, es ist genau so, daß man darüber lächeln kann, jauchzen kann, weinen kann. Und weit draußen, im Osten, steigt der bronzene Mond empor, eine gehämmerte Scheibe, ein Gong, der schweigt..."

(Aus: Max Frisch: Stiller. Frankfurt 1954, 9. Auflage, Suhrkamp TB 105, 314–316)

7 „Es war Reiselust, nichts weiter; aber wahrhaft als Anfall auftretend und ins Leidenschaftliche, ja bis zur Sinnestäuschung gesteigert. Seine Begierde ward sehend, seine Einbildungskraft, noch nicht zur Ruhe gekommen seit den Stunden der Arbeit, schuf sich ein Beispiel für alle Wunder und Schrecken der mannigfaltigen Erde, die sie auf einmal sich vorzustellen bestrebt war: er sah, sah eine Landschaft, ein tropisches Sumpfgebiet unter dickdunstigem Himmel, feucht, üppig und ungeheuer, eine Art Urweltwildnis aus Inseln, Morästen und Schlamm führenden Wasserarmen, – sah aus geilem Farrengewucher, aus Gründen von fettem, gequollenem und abenteuerlich blühendem Pflanzenwerk haarige Palmenschäfte nah und fern emporstreben, sah wunderlich ungestalte Bäume ihre Wurzeln durch die Luft in den Boden, in stockende, grünschattig spiegelnde Fluten versenken, wo zwischen schwimmenden Blumen, die milchweiß und groß wie Schüsseln waren, Vögel von fremder Art, hochschultrig, mit unförmigen Schnäbeln, im Seichten standen und unbeweglich zur Seite blickten, sah zwischen den knotigen Rohrstämmen des Bambusdickichts die Lichter eines kauernden Tigers funkeln – und fühlte sein Herz pochen vor Entsetzen und rätselhaftem Verlangen. Dann wich das Gesicht; und mit einem Kopfschütteln nahm Aschenbach seine Promenade an den Zäunen der Grabsteinmetzereien wieder auf."

(Aus: Thomas Mann: Der Tod in Venedig. Frankfurt 1954, Fischer TB 54, 9)

Mat. 8 Text 1:
„Ein Fischkutter bringt seine Wochenbeute. Kistchen von Tintenfisch, alles triefend, das grüne und violette Glimmern, schleimig wie der Glanz von Eingeweide.
Das Hin und Her der kleinen Barken – mindestens eine ist immer unterwegs ...“
Text 2:
„Oft, um die Stunde, wenn die Sonne, müde ihrer gewaltigen Arbeit, ins Meer
sank und den Schaum der vordringenden Brandung rötlich vergoldete, waren wir
heimkehrend auf bloßbeinige Fischergruppen gestoßen, die in Reihen stemmend
und ziehend, unter gedehnten Rufen ihre Netze eingeholt und ihren meist dürftigen Fang an Frutti di mare in triefende Körbe geklaubt hatten.“

Als mögliche Hilfe kann je eine Äußerung von Frisch und Th. Mann zur Schriftstellerei gegeben werden:

Frisch: „Man hält die Feder hin wie eine Nadel in der Erdbebenwarte, und eigentlich sind nicht wir es, die schreiben, sondern wir werden geschrieben.“

(Aus: Max Frisch: Tagebuch 1946–1949. Frankfurt 1950, Bibliothek Suhrkamp 1973, 19)

Th. Mann: „Denn das, was man sagt, darf ja niemals die Hauptsache sein, sondern
nur das Material, aus dem das ästhetische Gebilde ... in gelassener Überlegenheit
zusammenzusetzen ist.“

(Aus: Thomas Mann: Tonio Kröger, Mario und der Zauberer. Frankfurt 1963, Fischer TB
1973, 29)

(Auflösung S. 109 LK/13)

Mat. 9 „Ich sitze in meiner Zelle, Blick gegen die Mauer, und sehe die Wüste. Beispielsweise die Wüste von Chihuahua. Ich sehe ihre große Öde voll blühender Farben,
wo sonst nichts anderes mehr blüht, Farben des glühenden Mittags, Farben der
Dämmerung, Farben der unsäglichen Nacht. Ich liebe die Wüste. Kein Vogel in
der Luft, kein Wasser, das rinnt, kein Insekt, ringsum nichts als Stille, ringsum
nichts als Sand und Sand und wieder Sand, der nicht glatt ist, sondern vom Winde
gekämmt und gewellt, in der Sonne wie mattes Gold oder auch wie Knochenmehl, Mulden voll Schatten dazwischen, die bläulich sind wie diese Tinte, ja wie
mit Tinte gefüllt, und nie eine Wolke, nie auch nur ein Dunst, nie das Geräusch
eines fliehenden Tieres, nur da und dort die vereinzelten Kakteen, senkrecht, etwas wie Orgelpfeifen oder siebenarmige Leuchter, aber haushoch, Pflanzen, aber
starr und reglos wie Architektur, nicht eigentlich grün, eher bräunlich wie Bernstein, solange die Sonne scheint, und schwarz wie Scherenschnitte vor blauer
Nacht – all dies sehe ich mit offenen Augen, wenn ich es auch nie werde schildern
können, traumlos und wach und wie jedesmal, wenn ich es sehe, betroffen von der
Unwahrscheinlichkeit unseres Daseins. Wieviel Wüste es gibt auf diesem Gestirn,
dessen Gäste wir sind, ich habe es nie vorher gewußt, nur gelesen; nie erfahren,
wie sehr doch alles, wovon wir leben, Geschenk einer schmalen Oase ist, unwahrscheinlich wie die Gnade. Einmal, irgendwo unter der mörderischen Glut eines
Mittags ohne jeglichen Wind, hielten wir an; es war die erste Zisterne seit Tagen,
die erste Oase auf jener Fahrt. Ein paar Indianer kamen heran, um unser Vehikel
zu besichtigen, wortlos und schüchtern. Wieder Kakteen, dazu ein paar verdörrte
Agaven, ein paar serbelnde Palmen, das war die Oase. Man fragt sich, was die

Menschen hier machen. Man fragt sich schlechthin, was der Mensch auf dieser Erde eigentlich macht, und ist froh, sich um einen heißen Motor kümmern zu müssen. Ein Esel stand im Schatten unter einem verrosteten Wellblech, Abfall einer fernen und kaum noch vorstellbaren Zivilisation, und um die fünf Hütten aus ungebranntem Lehm, fensterlos wie vor tausend oder zweitausend Jahren, wimmelte es natürlich von Kindern. Gelegentlich fuhren wir weiter. In der Ferne sahen wir die roten Gebirge, doch kamen sie nicht näher, und oft, wiewohl man den kochenden Motor hörte, konnte ich einfach nicht unterscheiden, ob man eigentlich fährt oder nicht fährt. Es war, als gäbe es keinen Raum mehr; daß wir noch lebten, zeigte uns nur noch der Wechsel der Tageszeit. Gegen Abend streckten sich die Schatten der haushohen Kakteen, auch unsere Schatten; sie flitzten neben uns her mit Hundertmeterlänge auf dem Sand, der nun die Farbe von Honig hatte, und das Tageslicht wurde dünner und dünner, ein durchsichtiger Schleier vor dem leeren All. Aber noch schien die Sonne. Und in der gleichen Farbe wie die Kuppen von Sand, die von der letzten Sonne gestreift wurden, erschien der übergroße Mond aus einer violetten Dämmerung ohne Dunst. Wir fuhren, was unser Jeep herausholte, und dabei nicht ohne jenes feierliche Bewußtsein, daß unsere Augen durchaus die einzigen sind, die all dies sehen; ohne sie, ohne unsere sterblichen Menschenaugen, die durch diese Wüste fuhren, gab es keine Sonne, nur eine Unsumme blinder Energie, ohne sie keinen Mond; ohne sie keine Erde, überhaupt keine Welt, kein Bewußtsein der Schöpfung. Es erfüllte uns, ich erinnere mich, ein feierlicher Übermut; kurz darauf platzte der hintere Pneu. Ich werde die Wüste nie vergessen!"

(Aus: Max Frisch: Stiller. Frankfurt 1977, Suhrkamp TB 105, 26/27)

10 Zur Lyrik

„(...)
Im Gegensatz zur englischen und französischen Sprache, die eine moderne Lyrik haben, gibt es offensichtlich wenig deutsche Gedichte, die nicht antiquarisch sind – antiquarisch schon in ihrer Metaphorik; sie klingen oft großartig, dennoch haben sie meistens keine Sprache: keine sprachliche Durchdringung der Welt, die uns umstellt. Die Sense des Bauern, die Mühle am Bach, die Lanze, das Spinnrad, der Löwe, das sind ja nicht die Dinge, die uns umstellen. Das Banale der modernen Welt (jeder Welt) wird nicht durchstoßen, nur vermieden und ängstlich umgangen. Ihre Poesie liegt immer *vor* dem Banalen, nicht *hinter* dem Banalen. Keine Überwindung, nur Ausflucht – in eine Welt nämlich, die schon gereimt ist, und was seither in die Welt gekommen ist, was sie zu unsrer Welt macht, bleibt einfach außerhalb ihrer Metaphorik ... Die Angst vor dem Banalen: man stellt Blumen auf den Tisch, um Gedichte vorzulesen, und einen Kerzenleuchter, man zieht die Vorhänge, Verdunkelung des Bewußtseins; der Dichter ist vielleicht mit dem Flugzeug gekommen, mindestens mit einem Wagen, aber die Gedichte, die er vorzulesen hat, möchten dem Geräusch eines fernen Motors nicht standhalten: (...)"

(Aus Max Frisch: Tagebuch 1946–1949. Frankfurt 1950, Bibliothek Suhrkamp 1973, 221/222)

Anhang

Anmerkungen

[1] Frischs Vorstellungen vom Antagonismus des weiblichen und des männlichen Prinzips berühren sich in vielem mit C. G. Jungs Auffassungen. Eine direkte Beeinflussung ist denkbar: Frisch hat als Student Vorlesungen von C. G. Jung besucht. Er bezieht sich in *Stiller* und *Montauk* namentlich auf Jung.

[2] Die Frau, die durch irrationales Wissen – bis hin zum zweiten Gesicht – den unwissenden rationalistischen Mann verblüfft, tritt schon in den *Schwierigen* auf: Yvonne weiß z. B. mehr über Hinkelmanns persönliche Geschichte als dieser selbst.

[3] Möglicherweise ist Frisch zu dieser „Bildnis"-Auffassung durch die völlig entgegengesetzte Sicht Brechts in seiner bekannten Keuner-Geschichte „Wenn Herr K. einen Menschen liebte" angeregt worden:
„Was tun Sie", wurde Herr K. gefragt, „wenn Sie einen Menschen lieben?" – „Ich mache einen Entwurf von ihm", sagte Herr K., „und sorge, daß er ihm ähnlich wird."
– „Wer? Der Entwurf?" – „Nein", sagte Herr K., „der Mensch". (Werkausgabe ed. suhrkamp, Bd. 12)

[4] Frischs Definition des „Zufalls" deckt sich fast mit der C. G. Jungs. Jung, in „Zur Theorie der Synchronizität": „Das Wort ‚Zufall' ist wie ‚Einfall' ungemein bezeichnend: es ist das, was sich auf jemanden zubewegt, wie wenn es von ihm angezogen wäre" (Ges. Werke, Bd. 8, 481)

[5] Zur Schuldfrage vgl. Geulen, a. a. O., 97 und Geißler, a. a. O., 195.

[6] Aus der Sicht der Jungschen Psychologie läßt sich der Inzest noch in anderer Hinsicht als symbolischer Akt deuten: Der zunächst in abendländisch-männlicher Isolation verharrende Animus begegnet seiner Anima. Die psychische Zusammengehörigkeit von Animus und Anima käme dann in der (zunächst verborgenen) physischen Verwandtschaft zum Ausdruck. Die sexuelle Vereinigung entspräche dem psychischen Integrationsprozeß, den Jung als einen äußerst dramatischen Vorgang schildert; erst nach dem katastrophalen Zusammenbruch der autarken Ratio entsteht nach Jungs Auffassung schließlich der Archetypus des Lebenssinns.

In der Studie „Max Frisch. Die Identitätsprobleme in seinem Werk in psychoanalytischer Sicht", Stuttgart 1976, versucht Gunda Lusser-Mertelsmann das Inzestmotiv nach Freudschem Muster als Ausdruck einer überstarken Mutterbindung des Autors Frisch zu erklären; der unbewältigte Inzestwunsch führe zu einer tabubedingten Ablehnung der Sexualität schlechthin und zu den Identitätsproblemen aller Frisch-Gestalten. Das geheime Ideal der Mutter-Frau führe zur Ausbildung der literarischen Figur der unerreichbaren Frau (– z. B. im Falle Sabeths unerreichbar durch das Inzest-Tabu). Methodisch scheint mir das Vorgehen von Gunda Lusser-Mertelsmann mehr als fragwürdig: Der Autor wird als Patient betrachtet. Seine Krankheitsgeschichte wird aber lediglich aus seinen fiktionalen Werken erschlossen, die reale Person des Autors und ihre reale Biografie werden hingegen überhaupt nicht berücksichtigt. Diese naive Verwechslung von Realität und Fiktion führt im einzelnen zu manchmal absurden Umdeutungen.

[7] In diesem Sinne mißdeutet Kiesler die Intention des *Homo faber*.

[8] So wird in *Bin* die Erinnerung als eigentliche seelische Wirklichkeit apostrophiert: „Jemand sagte mir, daß die Dinge, die wir für Erinnerung halten, Gegenwart sind. Es überzeugt. Dann wieder verwirrt es. Denn es nimmt den Dingen, die uns begegnen, die Zeit, und oft weiß ich nicht mehr, wo in meinem Leben ich mich eigentlich befinde" (*Bin,* 78) ... „Wenn wir nicht wissen, wie die Dinge zusammenhängen, so sagen wir immer: zuerst, dann, später. Der Ort am Kalender! Ein anderes wäre natürlich der Ort in unserem Herzen ..." (36) „Man müßte erzählen können, so wie man wirklich erlebt. – Und wie erlebt man? – Du hast es selber gesagt: daß Dinge, die wir für Erinnerung halten, Gegenwart sind. Ich hatte noch nie darüber gedacht, ich fühlte nur öfter und öfter, daß die Zeit, die unser Erleben nach Stunden erfaßt, nicht stimmt; sie ist eine ordnende Täuschung des Verstandes, ein zwanghaftes Bild, dem durchaus keine seelische Wirklichkeit entspricht" (36/37).
Selbst schon in Frischs erstem Roman, dem *Jürg Reinhart* bildet die Erinnerung als Wirklichkeit schaffende Kraft ein zentrales Motiv.

[9] Die Besonderheit dieser Stelle hat mehrere Interpreten zu Deutungen veranlaßt. Vgl.: Bänziger, a.a.O., 91, Geulen, a.a.O., 44, Brigitte Weidmann: Wirklichkeit und Erinnerung in M. Frischs „Homo faber", In: Schweizer Monatshefte 44 (1964), 5, 445–456.

[10] Im *Gantenbein* wird die Form des umkreisenden Sagens zum beherrschenden Erzählprinzip: Die ‚Geschichten' umkreisen die ‚Erfahrung' wie laut *Tagebuch* die ‚Worte' das ‚Unsagbare'. Auch in Details wird im *Gantenbein* die Methode angewendet, das ‚Eigentliche' auszusparen, aber durch die umkreisenden Worte hindurch spürbar zu machen. ‚Anschaulichkeit' im herkömmlichen Sinne entsteht dabei nicht. Als Beispiel hier die Beschreibung einer Frau: „Sie tanzen, die Dame, die Lila sein könnte, und der junge Ingenieur. Ihr Gesicht über seiner Schulter – das ich umsonst zu beschreiben versuche: – ein Senken ihrer Lider genügt, ein Wechsel ihres Blicks auf Nähe und Ferne, eine Hand, die ihre Haare hinters Ohr streicht, im Profil und dann wieder ihr Lachen von vorne, eine Drehung, ein Lichtwechsel, ein Wechsel vom Lachen ins Schweigen, ein Stirnrunzeln genügt, daß alle Beiwörter, die ich gesammelt habe, einfach abfallen von ihrem Gesicht" (*Gantenbein* 444).
Von der ‚Bildnis'-Philosophie des *Tagebuchs I* (28–31) aus gewinnt diese stilistische Methode eine gleichsam moralische Rechtfertigung – jedenfalls für die Personenbeschreibung: Ein direktes ‚Bildnis' eines Menschen zu entwerfen, erscheint als Sünde wider alles Lebendige im Menschen. Daher ist auch die Beschreibung Julikas durch Stiller als unerlaubte Fixierung zu verstehen. Anläßlich dieser Beschreibung urteilt z.B. der Staatsanwalt: „Ich hatte plötzlich das ungeheure Gefühl, Stiller hätte sie von allem Anfang an nur als Tote gesehen, zum erstenmal auch das tiefe, unbedingte, von keinem menschlichen Wort zu tilgende Bewußtsein seiner Versündigung" (*Stiller,* 423).

[11] Trotz aller äußerlichen Globalität wirkt die Welt des *Homo faber* eng – im Gegensatz zu der des *Stiller*. Dieses Gefühl resultiert aus der schmalen Perspektive des Ich-Erzählers.

[12] Zum Schauplatzwechsel vgl. Geulen, a.a.O., 39.

[13] Vgl. dagegen Geulen, a.a.O., 40/41.

[14] Die Sicht des Todes als Lebensstimulans ist schon im frühen Werk Frischs zu finden. Hier eine charakteristische Stelle aus dem *Tagebuch I*: „Die Götter, von keinem Ende bedroht, und die Molche, die auf dem Bauch liegen und atmen, ich möchte weder mit den Göttern noch mit den Molchen tauschen. Das Bewußtsein unserer Sterblichkeit ist ein köstliches Geschenk, nicht die Sterblichkeit allein, die wir mit den Molchen teilen, sondern das Bewußtsein davon; das macht unser Dasein erst menschlich, macht es zum Abenteuer und bewahrt es vor der vollkommenen Langeweile der Götter ..." (Tgb. I, 331)

[15] Eine verwandte Landschaftsbeschreibung bildet die New-York-Szene im *Stiller*. Wie in der Habana-Szene handelt es sich um ein rauschhaftes Existenzerlebnis. Gemeinsamkeiten bestehen in der inneren Situation: Wendepunkt im Leben des Helden (bzw. einer Heldin), Verlust früherer fixierter Verhaltensweisen, Aufbruch in eine wesentliche Existenz. Die äußere Situation weist auch verwandte Züge auf: Nacht über der Stadt, Nähe des Meeres, quasi insulare Position. In der New-York-Szene liegt die Spannung aber mehr im Ästhetischen: „Kitsch, der ins Grandiose übergeht" (305).

[16] Die konsequente Subjektivierung der Zeit ist wie für Frisch so auch für C. G. Jung charakteristisch. Jung: „An sich bestehen Raum und Zeit aus Nichts. Sie gehen als hypostasierte Begriffe erst aus der diskriminierenden Tätigkeit des Bewußtseins hervor ... Sie sind daher wesentlich psychischen Ursprungs" (Ges. W., Bd. 8, 495) „... Daraus ergibt sich der Schluß, daß entweder die Psyche räumlich nicht lokalisierbar oder daß der Raum psychisch relativ ist. Dasselbe gilt auch für die zeitliche Bestimmung der Psyche oder für die Zeit" (a. a. O., 500).

[17] Nur 42 [34] der insgesamt 242 [196] Textseiten werden von insgesamt 30 längeren zusammenhängenden Passagen ohne Kurzabschnitte eingenommen. Davon entfallen 16 [13] Seiten auf ‚Nachholberichte', 7 [6] auf Reflexionen, 19 [16] auf Bericht oder Beschreibung innerhalb der Hauptebene. In den ‚Nachholberichten' wie in den Reflexionen finden sich überhaupt keine Kurzabschnitte.

[18] Das Prinzip der mikrostrukturellen Kontinuitätsbrechung hat seine Parallele in der Struktur der Bühnendialoge bei Frisch. Frisch bevorzugt, vor allem in seinen späteren Dramen, z. B. in *Andorra,* entschieden den schnellen, knappen Wortwechsel. Die Technik der Kurzabschnitte in Verbindung mit isolierten Kurzsätzen findet sich im *Gantenbein* vereinzelt, im *Stiller* so gut wie überhaupt nicht. Am ehesten noch stößt man in den *Schwierigen* auf umrahmende Kurzsätze. Die Abschnitte sind jedoch in der Regel viel länger als im *Homo faber*. Ihre Anfänge weisen nicht die gleiche Abruptheit des Einsatzes auf, einleitende, verbindende Konjunktionen, Adverbien oder Gliedsätze sind wesentlich häufiger.

[19] Die Unterordnung des zeitlichen Vorgangs unter ein statisches Bild führt schon in den *Schwierigen* zu einem eigentümlichen syntaktischen Rollentausch: „Tropfen eines milden Lichts, einer nach dem andern, reihten sich auf, jeder mit einem Goldsaum wie welkender Herbst. Am Ende war es ein ganzer Leuchter, ein altertümliches Ding. Unschlüssig, wohin er nun das Unding zu stellen hätte, stand der Diener mit immer vertrauteren Zügen seines aufwärts erhellten Gesichts vor ihr" (177). – Hier wird der Vorgang des Erkennens in den Komparativ eines attributiven Adjektivs innerhalb eines Adverbiales abgedrängt!

Die Tendenz zur Synchronisierung zeigt sich in den *Schwierigen* im manieristischen Gebrauch präpositionaler Adverbialien, z. B.: „Es war ein köstlicher Abend mit blitzenden und lohenden Fenstern an den steinernen Ufern voll Stadt." (142) Diese Tendenz verbindet sich mit der Unterordnung von Vorgang unter Statik: „Er saß ... fröstelnd bei offenem Fenster und einbrechender Dämmerung mit steigenden Nebeln" (37) [31].

[20] Bei Frisch scheinen solche erfüllten Augenblicke nur im Abschied möglich zu sein. Die aus dem Abschiedsbewußtsein resultierende Gefühlsintensität gibt diesem Augenblick die zeitliche Tiefendimension. Die subjektive „Ewigkeit" des Augenblicks liegt in einer anderen Wirklichkeitsebene als die der „Normalzeit". Sie ist nur im Raum der „Er-Innerung" möglich. Daher erklärt sich der zunächst merkwürdige „Vorzeitigkeitsinfinitiv" der bedeutsamen Abschlußformel in Fabers „Verfügung für den Todesfall": „Ewig sein: gewesen sein" (247) [199].

Literaturverzeichnis

Zur Primärliteratur: Eine vollständige Bibliographie aller Veröffentlichungen Max Frischs enthält der Sammelband: Über Max Frisch II, hrsg. von W. Schmitz. Hier soll nur zur Erleichterung des Überblicks eine Zeittafel der wichtigsten Erstveröffentlichungen bzw. Uraufführungen geboten werden. Die Werkzitate in diesem Bändchen beziehen sich auf die jeweils letzte Fassung der einzelnen Werke. Aus Gründen der Praktikabilität wird nicht nach der Gesamtausgabe, sondern nach den augenblicklichen am ehesten greifbaren Einzelausgaben zitiert. Die zitierte Ausgabe wird jeweils in Klammern aufgeführt. Die bisher vorliegenden Sammelausgaben werden am Schluß genannt.

Zur Sekundärliteratur: Eine vollständige und exakte Bibliographie der gesamten Sekundärliteratur enthält der obengenannte Sammelband: Über Max Frisch II (453–536, speziell zum *Homo faber* 513/514). Die folgende Auswahl umfaßt nur solche Abhandlungen, die tatsächlich Nennenswertes zum Verständnis des *Homo faber* beitragen oder doch zumindest einer kritischen Auseinandersetzung wert erscheinen.

Spezialliteratur zu „Homo faber"

Franzen, E.: Homo faber. In: Merkur 12 (1958) (auch in: Franzen, E.: Aufklärungen. Essays. ed. suhrkamp 66)

Geißler, R.: Max Frischs Homo faber. In: Möglichkeiten des modernen deutschen Romans. Frankfurt 1965, 2. Aufl.

Geulen, H.: Max Frisch. Homo faber. Studien und Interpretationen, Berlin 1965

Heidenreich, Sybille: Max Frisch Homo faber. Anmerkungen zum Roman. Hollfeld 1977, 2. Aufl., Beyer PB

Henze, W.: Die Erzählhaltung in Max Frischs Roman „Homo faber". In: Wirkendes Wort 11 (1961), 5, 278–289

Kaiser, G.: Max Frischs Homo faber. In: Schweizer Monatshefte 38 (1958/59), 9, 841–852 (auch in: Über Max Frisch I, ed. suhrkamp 404)

Liersch, W.: Wandlung einer Problematik. In: Neue dt. Lit. 7 (1958), 142–146 (auch in: Über Max Frisch I)

Loukopoulos, Wassili: Max Frisch Homo faber. Eine Motivanalyse. Hochschulverlag Stuttgart 1978

Roisch, U.: Max Frischs Auffassung vom Einfluß der Technik auf den Menschen – nachgewiesen am Roman „Homo faber". In: Weimarer Beiträge 13 (1967), 950–967 (auch in: Über Max Frisch I)

Schmitz, W.: Max Frisch, Homo faber. Materialien. Kommentar, München 1977, Hanser Nr. 214

Weidmann, B.: Wirklichkeit und Erinnerung in Max Frischs Homo faber. In: Schweizer Monatshefte 44 (1964/65), 445–456

Relevante Abhandlungen mit allgemeinerem Thema:

Arnold, H. L. (Hrsg.): Text und Kritik 47/48: Max Frisch. München 1975

Bänziger, H.: Frisch und Dürrenmatt. Bern 1971, 6. neu bearb. Aufl.

Beckermann, Th. (Hrsg.): Über Max Frisch (I). Frankufurt 1971, edition suhrkamp 404

Bienek, H.: Werkstattgespräche mit Schriftstellern. München 1962 (auch: dtv 1965, 291)

Bloch, P. A. (Hrsg.): Der Schriftsteller und sein Verhältnis zur Sprache. Bern 1971

Brinkmann, H.: Der komplexe Satz im deutschen Schrifttum der Gegenwart. In: Haschinger, A. (Hrsg.): Sprachkurs als Weltgestaltung. Salzburg, München 1966

Dahms, E.: Zeit und Zeiterlebnis in den Werken Max Frischs. Berlin: de Gruyter 1976

Franz, H.: Der Intellektuelle in Max Frischs Don Juan und Homo faber. In: Zeitschr. f. dt. Phil. 90 (1971), 555 ff. (auch in: Über Max Frisch II, ed. suhrkamp 852)

Hage, V.: Max Frisch. Hamburg: Rowohlt 1983, rm 321

Hanhart, T.: Max Frisch. Zufall, Rolle und literarische Form. Kronberg, 1976

Hillen, G.: Reisemotive in den Romanen von Max Frisch: In: Wirkendes Wort 19 (1969), 2, 126 ff.

Jurgensen, M.: Max Frisch. Die Romane. Bern 1976, 2. Aufl.

Kiernan, D.: Existenziale Themen bei Max Frisch. Berlin: de Gruyter 1978

Kiesler, R.: Max Frisch. Das literarische Tagebuch. Frauenfeld 1975

Lusser-Mertelsmann, G.: Max Frisch. Die Identitätsprobleme in seinem Werk in psychoanalytischer Sicht. Stuttgart 1976

Knapp, G. (Hrsg.): Max Frisch. Aspekte des Prosawerks. Bern 1978

Mayer, H.: Zur deutschen Literatur der Zeit. Hamburg 1976

Petersen, J.: Max Frisch. Stuttgart: Metzler 1978

Schau, A. (Hrsg.): Max Frisch, Beiträge zu einer Wirkungsgeschichte. Freiburg 1971

Schenker, W.: Die Sprache Max Frischs in der Spannung zwischen Mundart und Hochsprache. Berlin 1969 (im Auszug in: Über Max Frisch II)

Schmitz, W. (Hrsg.): Über Max Frisch II. Frankfurt 1976, edition suhrkamp 852

Stäuble, E.: Max Frisch. St. Gallen 1967, 3. erw. Aufl.

Steinmetz, H.: Tagebuch, Drama, Roman. Göttingen 1973

Schuhmacher, K.: Weil es geschehen ist. Königstein: Hain 1979

Ullrich, G.: Identität und Rolle. Probleme des Erzählens bei Johnson, Walser, Frisch und Fichte. Stuttgart: Klett-Cotta 1977

Werner, M.: Bilder des Endgültigen – Entwürfe des Möglichen. Zum Werk von Max Frisch. Bern 1975

Wintsch-Spiess, M.: Zum Problem der Identität im Werk Max Frischs. Zürich 1965

Sonstige zitierte Literatur

Mann, Th.: Mario und der Zauberer (nach: Sämtliche Erzählungen). Frankfurt: Fischer 1963

–: Tonio Kröger (ebd.)

–: Der Zauberberg. Frankfurt: Fischer 1962

Musil, R.: Der Mann ohne Eigenschaften. Hamburg 1952

Jung, C. G.: Bewußtes und Unbewußtes. Fischer TB 175

Zeittafel zu Leben und Werk

1911	Geburt am 15. Mai in Zürich. Vater: Franz Bruno Frisch (Architekt), Mutter: Karoline Bettina (Geb. Wildermuth)
1924	Eintritt ins Kantonale Realgymnasium Zürich
1930	Matura
1931	Beginn des ersten Studiums (Germanistik); erste Veröffentlichung in einer Zeitung
1932	Tod des Vaters; Abbruch des Studiums, freie Zeitungsmitarbeit
1933	Erste Auslandsreise: Prag, Budapest, Belgrad, Istanbul, Athen, Rom
1935	Erste Reise nach Deutschland
1936	Beginn des zweiten Studiums (Architektur) an der Eidgenössischen Technischen Hochschule Zürich
1938	Conrad-Ferdinand-Meyer-Preis der Stadt Zürich
1939	Militärdienst als Kanonier (sporadisch bis 1945)
1941	Architektur-Diplom und Anstellung
1942	Erster Preis in einem Architektur-Wettbewerb und Eröffnung eines eigenen Büros. Eheschließung mit Constanze von Meyerburg (Scheidung 1959)
1944	Dramenpreis der Emil-Welti-Stiftung
1948	Erste Begegnung mit Bertolt Brecht
1949	Eröffnung des Schwimmbads Letzigraben in Zürich
1950	Ehrengabe der Schweizerischen Schillerstiftung
1951	Rockefeller Grant for Drama; erste Reise in die Vereinigten Staaten
1955	Auflösung des Architekturbüros; Wilhelm-Raabe-Preis der Stadt Braunschweig; Schiller-Preis der Schweizerischen Schillerstiftung, Schleußner-Schueller-Preis des Hessischen Rundfunks
1956	Welti-Preis für das Drama der Stadt Bern, Fördergabe der Stiftung Pro Helvetia
1957	Charles-Veillon-Preis
1958	Georg-Büchner-Preis, Literaturpreis der Stadt Zürich
1962	Ehrendoktor der Philipps-Universität Marburg, Großer Kunstpreis der Stadt Düsseldorf
1964	Stipendium der Ford-Foundation
1965	Literaturpreis der Stadt Jerusalem, Schiller-Gedächtnispreis des Landes Baden-Württemberg
1966	Erste Reise in die Sowjetunion
1968	Eheschließung mit Marianne Oellers (Scheidung 1979)
1974	Großer Schiller-Preis der Schweizerischen Schillerstiftung
1975	Kurze Reise nach China
1976	Friedenspreis des Deutschen Buchhandels
1979	Ehrengabe aus dem Literaturkredit des Kanton Zürich (abgelehnt)
1982	Ehrendoktor der City University of New York
1987	Ehrendoktor der Technischen Universität Berlin

Romane und Erzählungen

1934	*Jürg Reinhart. Eine sommerliche Schicksalsfahrt.* Roman
1937	*Antwort aus der Stille.* Eine Erzählung aus den Bergen

1943	*J'adore ce qui me brûle oder Die Schwierigen.* Roman
1954	*Stiller.* Roman
1957	*Homo faber.* Ein Bericht
1964	*Mein Name sei Gantenbein.* Roman
1971	*Wilhelm Tell für die Schule*
1974	*Dienstbüchlein*
1975	*Montauk.* Eine Erzählung
1979	*Der Mensch erscheint im Holozän.* Eine Erzählung
1982	*Blaubart.* Eine Erzählung

Dramen

1945	*Bin oder Die Reise nach Peking* (Premiere); *Nun singen sie wieder. Versuch eines Requiems* (Premiere)
1946	*Santa Cruz. Die Chinesische Mauer* (Premiere)
1948	*Als der Krieg zu Ende war.* Schauspiel (Premiere)
1951	*Graf Öderland.* Ein Spiel in zehn Bildern (Premiere)
1953	*Don Juan oder Die Liebe zur Geometrie.* Komödie in fünf Akten (Premiere)
1958	*Biedermann und die Brandstifter. Ein Lehrstück ohne Lehre* (Premiere)
1961	*Andorra.* Stück in zwölf Bildern (Premiere)
1968	*Biografie: Ein Spiel.*
1978	*Triptychon. Drei szenische Bilder* (Buchausgabe)

Sonstige Publikationen

1940	*Blätter aus dem Brotsack. Tagebuch eines Kanoniers*
1947	*Tagebuch mit Marion*
1950	*Tagebuch (1946–1949)*
1967	*Öffentlichkeit als Partner.* Enthält: Festrede, Kultur als Alibi, u.v.m.
1972	*Tagebuch 1966–1971*
1976	*Gesammelte Werke in zeitlicher Folge.* 6 Bde. Hrsg. von Hans Mayer unter Mitwirkung von Walter Schmitz
1983	*Forderungen des Tages:* Portraits, Skizzen, Reden 1943–82